日本のヤバい女の子

はらだ有彩

柏書房

はじめに――私たちが昔話になる日を夢見て

昔話の中には、たくさんのエキセントリックな女性がいます。彼女たちはひどく不親切だったり、恐ろしく身勝手だったり、気まぐれで猟奇的だったりします。

たとえば、「浦島太郎」に登場する乙姫は、開けると老人になる玉手箱を何の説明もなく贈ります。「竹取物語」のかぐや姫は、求婚者たちに無茶なプレゼントを求めます。「古事記」「日本書紀」のイザナミは、腐敗した姿を見られたことに激怒し、黄泉《よみ》の国まで会いにきてくれた夫に襲いかかります。「怪談 牡丹灯籠《ぼたんどうろう》」のお露《つゆ》は、毎晩好きな男の家の周りをうろつき、憑《つ》き殺してしまいます。

ストーリー上では、彼女たちはまるで血も涙もない悪女《ファムファタル》です。

しかし、本当にそうでしょうか。

昔話は人間によって作られ、人間から人間へと伝えられてきました。長い時間をかけて受け継がれた物語には、人々の願いや思惑が降《ふ》り積もります。作者や、語り手や、読者は知らず知らずのうちに登場人物に「果たすべき役割」を背負わせます。

彼女たちの「役割」を取り払い、素顔を覗《のぞ》きこんだとき、そこにいるのは私たちと変わらない一人の女の子――血の通った一人の人間なのではないでしょうか。

決められたストーリーから抜け出した彼女たちと、友達と喫茶店でコーヒーを飲む時のように話し込みたい。「あの時」、考えていたことを教えてほしい。

――昔々《むかしむかし》、マジで信じられないことがあったんだけど聞いてくれる？

これは昔話の女の子たちと「ああでもない、こうでもない」と文句を言いあったり、悲しみを打ち明けあったり、ひそかに励ましあったりして、一緒に生きていくための本です。

時に勇気づけられ、時に憎んできた物語の行間から、必要なものだけを掬《すく》いあげ、明日も、明後日も生き続けていく糧《かて》にする。

現代をたくましく乗り越えて、今度は私たちが幸福な昔話になる日を夢見て。

はらだ有彩《ありさ》

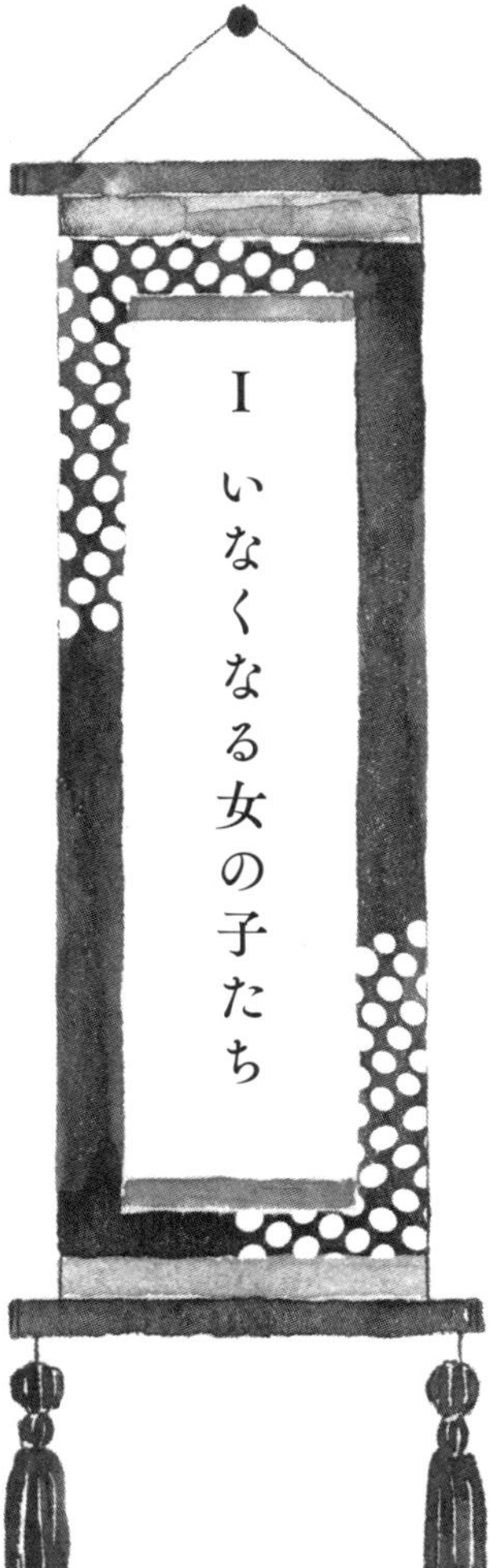

I いなくなる女の子たち

CASE STUDY 1

献身とヤバい女の子——おかめ

彼女はいつもにこにこ笑っている。目も眉《まゆ》もハの字に垂れ下がり、ふくよかな頬《ほお》はばら色に染まる。みんな彼女を見ると幸せな気分になる。でも、彼女自身は幸せだったのだろうか。

長井飛騨守高次《ながいひだのかみたかつぐ》は困り果てていた。高次はベテランの大工である。京都・大報恩寺《だいほうおんじ》の本堂の工事を任され、張り切っていた。しかし、自分でもなぜそんなミスを犯したのかわからないのだが、柱を作るための木材を誤った寸法で切断してしまった。それもただの木材ではない。この日のために信者から奉納《ほうのう》された特別な木だ。

(これはもう、命をもって償うしかない……)

思いつめた高次を妻のおかめが見ていた。彼女は今にも消えてしまいそうな夫を励まし、静かに自分の考えを話す。

「まずは落ち着いて。ここは思い切って、他の正しいサイズの木材も、間違って短くしてしまったものと同じ長さに揃《そろ》えましょう。そして切った木片を四角く組んで枡組《ますぐみ》を作り、寸足らずになった部分をおぎなってはどう?」

結果的に、彼女が考えた方法はとてもうまくいった。高次が大変な失敗をしたと思う者は誰もいなかった。本堂を見た者はみな美しく凝った意匠に感動した。

上棟式《じょうとうしき》の前日、高次はピンチを救ってくれたおかめに改めてお礼を言おうと思った。しかし、朝からずっと姿が見えない。ようやく探し当てたとき、妻は人目につかないところでひっそりと自害していた。女である自分に窮地を助けられて仕事を成功させたということが世間に知られたら、夫の名誉に傷がつく。そう思い、彼女は自ら死を選んだのだった。

悲しみのなかで上棟式が執り行われた。高次は御幣《ごへい》をつけたおかめの面を本堂に飾り、彼女を偲《しの》んだ。

――う、う、嘘だと言ってほしい。

この物語を読み終えたときの私の驚きといったらなかった。死ぬ!? 死ぬ必要ある!? とりわけ「女の助言で仕事を成功させたことが夫の不名誉になる」という世界観を理解しようとすると、全身から混乱の汗が吹き出る。すんなり納得するには私は現代に暮らしすぎている。

鎌倉時代の夫婦の逸話をもとにしたという「おかめ伝説」は、現在も京都の大報恩寺に伝わり、内助の功、ひいては夫婦円満の美談として受け継がれている。確かに二人の間に強い絆があることはわかる。ただ、これは本当に完璧な美談なのか？ という疑問がどうしてもぬぐえない。おかめと高次は夫婦という関係のロールモデルになり得るのだろうか。

彼女の死には言いようのない違和感がある。なにかが決定的にわからないような、どこかが圧倒的におかしいような気がする。他人の死についてあれこれ詮索するのはとても下品だ。だけど私は彼女の死を想像し、この違和感の正体を突き止めたい。

死が生きている人間全てに訪れるものだということはもちろん理解できる。人は自ら命を絶つことがあるということも、受け入れがたい気持ちをよそへ置けば理解できる。名誉や尊厳のために命を使ったり、愛する人のために自分を犠牲にするということだって、自分の身に置き換えて考えるとありえないとは言いきれない。私自身も子どもの頃、夏休みの読書感想文の題材に『銀河鉄道の夜』を取りあげ、「《蠍《さそり》の火》の蠍が、自身の死を悟《さと》り『どうしてわたしはわたしのからだをだまっていたちに呉《く》れてやらなかったろう。そしたらいたちも一日生きのびたろうに。』と懺悔《ざんげ》するシーンに胸を打たれた」と書いたことがある。

こんな風に、おかめの死をひとつひとつ分解していくと、なるほど、そのパーツは理解できる。それでも、このじりじりとせり上がる違和感はなんなのだろう。

たぶん、彼女にとって、自分の死には根拠があった。だけど彼女が信じた死の根拠は、現代に生きる私たちにとっては跡形もなく破綻してしまっている。その甲斐のなさが本棚の後ろへ落としてしまった小さな紙のように、見えないけれど確実に存在していて、私はどうにも落ち着かないのだ。

おそらくこの物語を読んだ誰もが（死ななくたって良いじゃん！　黙ってれば良いじゃん！）と思っただろう。二人だけの秘密にして、黙っていれば丸く収まるではないか。しかしおかめは夫の名誉を守るためにはそれでは済まされないと判断した。

大工なのだから、完成した建築物が素晴らしければチーム内でどのメンバーの意見を採用しようとプロジェクトの成功に変わりはないはずだ。それで夫の名誉が傷つくとは思えない。では、おかめはなぜ死んだのだろう。高次（と彼の名誉）にとって、おかめが生きていたら困ることが何かあっただろうか。八百年前の社会に思いを馳《は》せつつ、サスペンスドラマよろしくおかめの死の真相を推理してみよう。

まず、高次本人がおかめに助けられたことに後ろめたさを感じていたとすれば、口封じのためにおかめを殺す……という展開があるかもしれない。助けられたという屈辱に耐えられなくなり、殺してしまったというストーリーだ。あるいは、いかにも高次が犯人と思わせておいて、夫の苦悩を汲《く》んだおかめが（自分があなたを裏切ることはない）と証明するために死んでみせた……というオチもありうる。いや、おかめ自身が、誰かにうっかり話してしまう可能性を危惧したということも考えられる。もしかしたら自分だって正しく評価されたいと思って告発してしまうかもしれない。はたまた、事実自体を消したかったのかも。おかめは腕の良い大工である夫を愛していた。夫の失敗という事実を許せず、それを知っている人物、つまり自分自身を消すことにしたのかも……。

と、ここまで考えて気が滅入《めい》ってきた。そもそも、おかめが高次を助けたことが「全く恥ずかしくない出来事」であればいま考えたようなサスペンスは成立しない。どれだけ推理を重ねても、「女にアドバイスを受けたこと＝恥」という背景が全ての原因だ。女は男より秀でてはいけない。男は女に助けられてはいけない。

おかめに、高次に、重くのしかかっていた暗黙の設定は彼女たちの時代には覆《くつがえ》せないものだった。だからおかめにとって自分の死は大きな意味と必然性があったのだ。だけど数百年という時間が流れ、暗黙の設定が変化していくなかで、その意味と必然性は薄れていった。ただし、薄れたとはいえ、暗黙の設定はいまの私たちにも作用している。冒頭で「現代に暮らす私はおかめの死に納得できないし、彼女の不自由さ、生きづらさが理解できない」と書いたけれど、その一方で、わかるとも思う。わかる。少しわかる。とてもわかる。

インターネットに、本屋に、ハリウッド・スターのスピーチに。ニュートラルで現代的で勇気づけられる言葉は私たちの周りにたくさんある。それらはいつもエンパワメントをもたらし、新鮮な共感に満ちている。私たちにできないことは何もないし、言えないことも何もない。誰もが適切なタイミングで怒ることができるし、意見を主張することもできる、はずである。はずではあるが、一方、暮らしの中ではときどき、驚くほど馬鹿馬鹿しいシチュエーションにぶちあたる。

例えば、仕事場にいる気のいいおじさんが世間話のはずみに「早く帰ってごはん作らないと」

とか「仕事熱心なのはいいけど、彼氏、怒らないの?」と言う。同期入社の男の子に転職の相談をすると「女の子は好きな仕事しといた方がいいよ」とアドバイスを受ける。

自分で選んで取り入れる情報ではない、ふと遭遇するこれらの言葉に対して（ちょっと変な感じだな）と思ったとして、そして自分の感覚が間違ってないと確信できたとして、情や諦めやその他の面倒な気持ちによって、さっと流してしまうことが、毎日の暮らしでは頻繁に起こるのだ。こんな気さくな抑圧は時代に合わせて少しずつマシになり、将来的にはなくなっていくかもしれない。だけど、おかめは時代が変わるのを待たずに亡くなった。

結局、おかめが死に至ったことで、彼女の働きは現代にまで伝わることとなった。伝わっているということは、誰か——真実を知っている誰か——が人に話し、残したということだ。みんなに知られてしまったら、おかめの死の意味はなくなってしまう。それでも高次は人々に知ってほしかった。妻の存在をなかったものにしたくなかった。

私は「アイデアを出したおかめ自身が評価され、夫と一緒に建築家として成功する」という結末がなかったことが心から残念でならない。せめて彼女が満足していればいい、とはどうしても思えない。だって、彼女の人生はどうなるというのだ。おかめは男のピンチに出現して、都合のいいアイテムやフラグを与えてくれる美味しいキャラクターだったのか? 彼女の幸福が夫の幸福そのものだったら、それで報われたと言えるのだろうか。

　死んでしまったら、もう会えないのだ。人生の道のりのどこかで、必ずもうこれ以上一冊の本も読めなくなる瞬間、これ以上一曲の音楽も聴けなくなる瞬間、一枚の絵も描けなくなる瞬間がある。だからそのときまでは誰にも邪魔されず、できるだけ多く読んだり、聴いたり、描いたりしてほしい。自由に話して、自由に考えて、自由に働いて、あなたの心からの人生を一秒でも長く続けてほしい。そう思うのは私の勝手な希望だ。「そんなことどうだっていいよ、放っておいてよ、余計なお世話だよ」「彼のために死ぬことが私の望みなの」。そう言われてしまうと私にはもう何も言えない。結局、まあ、そうなのだ。彼女の命なのだから。

　だけど私はほんとうに悲しい。悲しいとあなたに伝えられない関係が悲しい。私、あなたと友達だったらよかったのに。

――女だから、自分の存在を消すことが最もよい選択だから、私もそれで納得しているから。私、ほんとに全然後悔していないの。これから先どんな価値観の時代になろうと、何の後悔もないの。

　もしも友達だったらそうやって笑うあなたを張り倒し、「うっせーバカ！　アホ！　ステーキ食ってカラオケ行くぞ！」とキレることができたのに。ステーキ食って、カラオケ行って、そのまま夜行バスで眠って、起きたら電車を乗り継いで、飛行機にも乗ったりして。あなたが満ち足りた気持ちでいられて、誰もそれを悪く思わない場所まで行ってしまえたのに。もちろん、あなたの功績を残してどこかへ移動しなければならないことに私は忸怩《じくじ》たる思いを感じるけれど、それでも、何でもいいから生きていてほしかった。

物語の舞台となった京都の千本釈迦堂・大報恩寺には現在、おかめの墓塔と像が建てられている。かたわらには「おかめ桜」と呼ばれる木が育っている。巨大な枝垂桜《しだれざくら》は三月の終わりになるとぶわっと噴き出すように花をつけ、うねうねと曲がった枝が重く下がる。

＊

彼女が現代に生まれ変わったら、どんな人生を歩むだろう。夫の仕事ぶりを横目で見ているうちに頭の中にアイデアが溢れてきて、今度こそ建築家になるかもしれない。桜の枝の曲線のように自由な形のビルを設計するおかめを想像してみる。斬新な発想で新しい造形を生み出す建築家として評価されているおかめを。そんなおかめをサポートしつつ、同じくバリバリ活躍している高次を。アイリーン・グレイ、ザハ・ハディッド、おかめ、と名前が並んでいるWikipediaの一ページを。プロフィール欄に一枚の写真が掲載されている。少し丸顔で目尻が柔らかく垂れ下がった、彼女の顔がにこにこと笑っている。

CASE STUDY 2

秘密とヤバい女の子――うぐいす女房

あなたにどんな秘密があっても大丈夫。絶対にこの気持ちは変わらないと言いきれる。だからもっとお互いのことを知ろう。(でも、本当に?)

一人の男が道に迷い、山奥の屋敷にたどり着いた。屋敷には美しい女性が住んでいて、もてなされるうち、恋に落ちる。男はそのまま婿となり、屋敷で暮らし始めた。

ある日、妻は用事があるからと男に留守を頼み、どこかへ出かけていった。

「私がいない間は好きにしてて。だけど屋敷の一番奥、十三番目の座敷には入らないでね」

取り残された男は暇なので屋敷の中を見て回ることにした。一つめの障子を開けると室内にもかかわらず風がやさしく吹き始めた。二つめの座敷では雪がしんしんと降り積もっていた。三つめでは果実が生《な》り、瑞々しく香っていた。部屋ごとに見事な風景が広がっている。十二の座敷を楽しみ、気づくと彼は最後の障子の前に立っていた。

(いけない。この部屋だけは見るなと言われている……)

だが、今までに見た景色が彼を大胆にした。この座敷にもこれまでのように、いや、これ

まで以上にすてきなものがあるに違いない。少し。ほんの少しなら、かまいやしないだろう。はじめはたった数センチ。それから半分ほど。すぐに障子は開け放たれた。

芽吹きかけた木々が揺れ、花の予感に満ちた昼下がりのようだった。他の部屋と同じように山の気配がする。どこかで鳥が鳴いている。男は少し拍子抜けし、微かな落胆さえ感じながら鳴き声の聞こえる枝に近づく。そこには一羽のうぐいすがいた。

「……見るなと言ったのに。見ないと言ったのに。なぜ見たのです」

うぐいすは、妻の真の姿だった。彼女は数滴の涙を落とし、力なく飛び立つ。気づくと男はただ広い草むらに立ち尽くしていた。屋敷は跡形もない。後悔の波が押し寄せ、大声で叫ぶ。

「悪かった。戻ってきてくれ」

遠くの方でほうほうという音がこだましていた。ほう、ほう、法華経。愛した女はそれきり戻ってこなかった。ただ春になると、何年経ってもあの鳴き声が山の方から聞こえてくるのだった。

約束は守らなくてはならない。そんなことは子どもでも知っているのに、男はなぜ裏切ってしまったのだろう。

日本の民話の中で「見るな」という台詞を使うのは圧倒的に女性が多い。イザナミ然《しか》り、鶴の恩返し然り、蛤女房《はまぐりにょうぼう》然り、浦島太郎の乙姫然り。

見る側はいつも無自覚だ。他人が真剣に「見られたくない」「知られたくない」と思っているものを何の気なしに覗いてしまう。その無邪気さは「見たいと思う気持ちを押さえつけるのは不自然だ」とか、「故意ではなく不可抗力だ」とか、「見るべきでないというのはナンセンスだ」とか、「見るなと言われると、かえって見たくなるものだ」とかいうエクスキューズによって支えられている。つまり、見られたくないという気持ちの矮小化によって、見る権利が守られている。

この主張には「知らんがな。見んなっつってんだろ。どつきまわすぞ」以外の反論はない。だって本当に、心の底から、「見られたくない」「知られたくない」と思っているのだから。「座敷を開けるな」と言ったら絶対に開けないでほしいし、「見るな」と言えば絶対に見ないでほしいのだ。

男はうぐいすが飛び去った後、なお彼女に戻ってきてくれと言っているが、少し虫がよすぎないだろうか。見られたくないものをずけずけ見ておいて、完全に絶望させておいて、「戻ってきてくれ」と恋しく思うというのはどういう了見だろう？　戻ってきてくれると思っているのだろうか。戻ってきたとして、完全に許して心を開いてくれるイメージが彼には湧くのだろうか。

男は「うっかり」見た。軽い気持ちで見た。部屋は伝承によって三つだったり、四つだったり、十二だったりとバリエーションがあり、いずれも複数存在する。たくさんあったからそのうちの一つがそんなに重要だなんて思わなかったのかもしれない。どの部屋だろうと他人から見れば大差ないのかもしれない。だけど全然違う。そこだけはだめ。絶対に許さない。

もしも最後の座敷を覗かなければ、彼はずっと屋敷で暮らせただろう。しかしそれはうぐいすの力によって出現した屋敷であり、実際にはただの草むらがあるばかりの空間だ。意地悪な見方をすれば、男は騙されていたとも、ハメられていたとも、すんでのところで助かったとも言える。浦島太郎のようにお土産に老化促進効果のある行李《こうり》を渡されないとも限らない。

では、うぐいすが人間を欺《あざむ》いてやろうという悪意のもと、男を屋敷に招き入れたのかというと、そんなに単純な話ではないような気がする。

『うぐいす女房』には「座敷に侵入した男がうぐいすの卵を割ってしまう」というヴァリエーションもある。子どもまで殺してしまっているのだから到底うっかりでは済まされない。それでも男は地獄の業火《ごうか》で焼かれたり舌を抜かれたりしないし、死にもしない。うぐいすは自分と夫の関係を断ち切る時に、夫の存在ではなく屋敷を消滅させた。屋敷ごと引き払うという方法は、既に「約束を破られた」という貸しを持っているうぐいす側の負担が大きすぎるのではないか。巨大な建物を出したり消したりできるのだから、うぐいすは自分の力で男に罰を与えられたはずだ。だけど彼女は攻撃も防御もしなかった。相手に危害を加えるのではなく、ただ自分の存在を消すことで、試合そのものを消滅させてしまった。

たぶん、彼らはお互いに憎からず思い合っていたのだろう。良い関係を築き続けたいという気持ちがあり、今よりもっと親密になり信頼しあうことにやぶさかでなかった。裏切られたとはい

え、好意を抱いた男は殺せない。だから夫ではなくコストのかかる屋敷の方を消滅させた。

この「お互いのことをもっと知りたい」という思いこそが、彼らにとって最大のアンラッキーだったのではないだろうか。もしほんとうに座敷を見られることを防ぎたければ、完璧にリスク回避する手段はあったはずだ。男も一緒に出かければ一人で留守番させずに済む。不思議な力で眠らせるということだってできるかもしれない。多少乱暴だけど縄でぐるぐる巻きに縛っておくとか、障子に防犯ブザーを仕込んでおくとか、いっそ出かけずにAmazonで用事を済ませるとか、方法はいくらでもある。もしかして、彼女はこの男がパートナーに相応《ふさわ》しい人物かどうかを試そうとしたのではないか。この人が約束を守れる人かどうか知りたい。

——彼なら、きっと守ってくれるのではないか。

男は一応、守ろうとしていた。だけど愛と甘えと好奇心が彼を動かした。彼女と屋敷のミステリアスな魅力をもっと知りたかった。約束を破ることはさほど大きな問題ではないように思えた。

——彼女なら、きっと許してくれるのではないか。

残念ながらふたりの期待は大きく外れた。彼らは互いの秘密を知ってしまった。女の秘密は人間ではなくうぐいすであること。男の秘密は約束を守れない人間であること。結果的には、これ以上ないほど深く知り合えたとも言える。

相手のことを知りたいという気持ちは少しも悪いことではなく、照れくさい喜びにあふれ、晴れがましいものだ。ただ、より深く知ったことによって十あったものが百になり、百になったせいでゼロになるということは、私たちの暮らしの中でも時々起こる。男は虚構の屋敷の夢を見続けて絶命したかもしれないし、うぐいすはいつかどこかでうっかり自分を裏切る可能性のある男をもっと愛してしまわずに済んだ。元々合わないふたりだったのだ。合わないのなら、袂《たもと》を分かつしかないのだ。マッチングの不具合が早めにわかってラッキーだったのだ。

と、

まあ、

それはそうなんだけど、

でも、やっぱり、そうは言っても、

一緒にいられたらそれはきっと素晴らしかったね。うぐいすは男を傷つけず、ただ去った。彼女が二度と戻らないことを悟って男も山を降りた。今迎えている以外の結末もあったかもしれないけれど、ハッピーエンドはもたらされなかった。男が原因かもしれないし、うぐいすのせいかもしれないし、お互いのせいかも。それとも、誰のせいでもないのかもしれない。

ふたりはどうすればよかったのだろう。分岐点はどこだったのだろう。

妻の正体を見た男に迂闊《うかつ》な驚きがなければあるいは、と私は思う。それ以前に「見ないでね」「これを見たら、もう一緒にいられないかもしれないよ」そう警告された時に「うん、見ないよ」と軽率に承諾せず、「いいや、見る！　見たい！　見てしまった！」「見た上で、それでも一緒にいたいのだ！！！」と言えたら、どんなによかっただろう。「どんなことがあっても大丈夫だから見せてくれ！」と大見得を切って、それで勢いよく扉を開ける。見て、よく考えて、それから、やっぱり、真実を受け入れられないかもしれない。それは開けてみないとわからない。だってまだ見ていないのだから。シュレディンガーのうぐいすだ。

＊

どんなことがあっても大丈夫と、あなた言ったじゃない。うん、言ったね。確かに言った。どんな秘密でも大丈夫と言った。そうしてやっぱりだめだった。ごめんね。どんなことがあっても大丈夫と思っていたんだ、本当に。

それは最悪で、最悪で、最悪だけど、能動的に失ったという点では、気づかないうちにするすると全てを失くしてしまうより幾分ましかもしれない。何が正解だったのかはもう絶対にわからない。座敷での楽しく温かい暮らしはサステナブルな愛ではなかったのかもしれない。それでも、うぐいす女房と男が一緒に生きたことを、現代の私たちは知っている。

うぐいすは別名、春告鳥《はるつげどり》と呼ばれる。春はまたやってくる。遠くであなたが麗しく鳴いているのが聞こえる。もう会うことはないけれど、私たちは、確かに、この場所にいた。

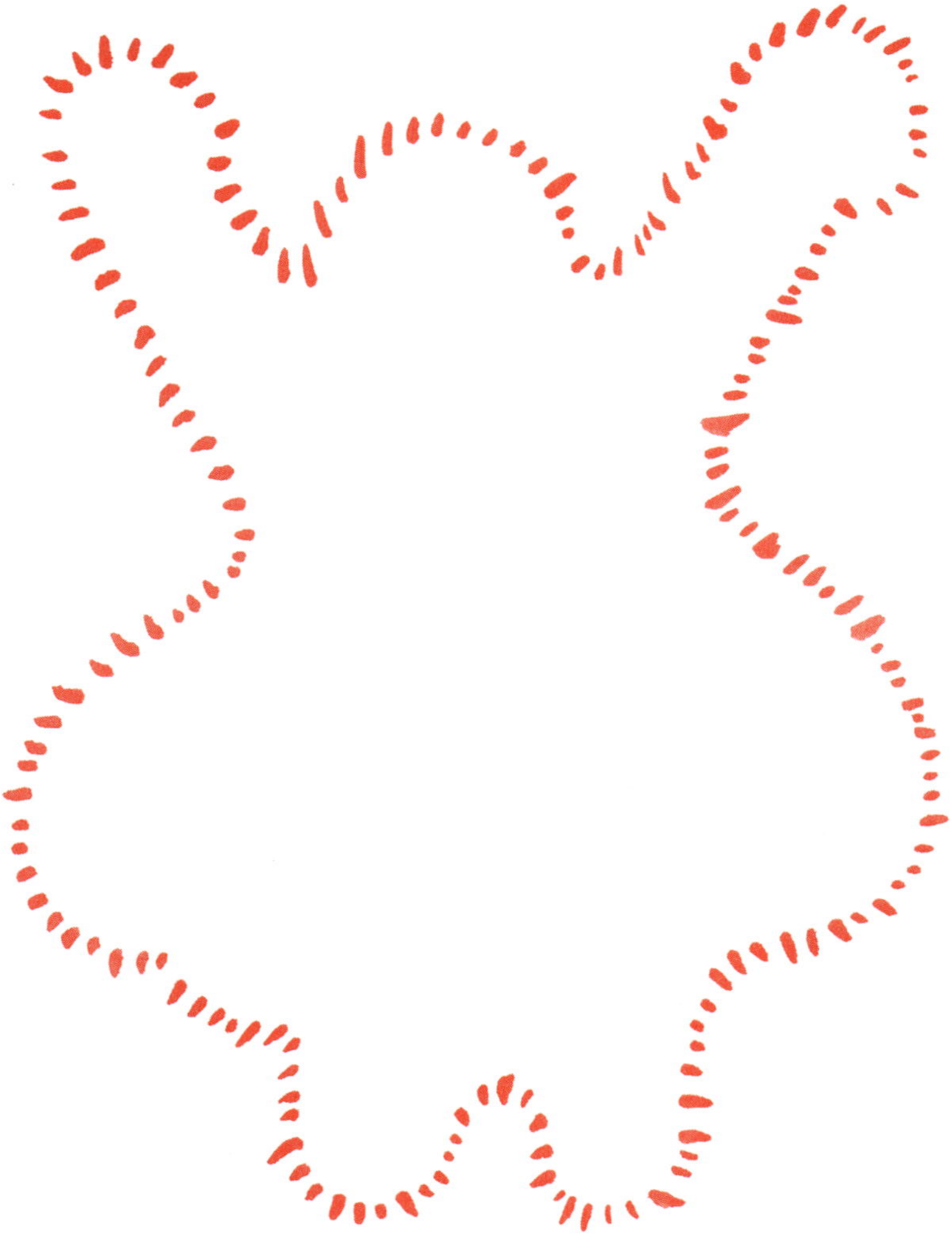

CASE STUDY 3

失望とヤバい女の子——人に知られざる女盗人（今昔物語）

この前の旅行、私が計画したよね。ホテルも私が取った。先週のデートもそうだった。先々週も、その前も。あなたは私のことを大好きだと言ってくれるけど、それはもちろん嬉しいんだけど、なんと言うか、こう、そっちからは何か無いのかよ？

背が高くすらりとした男がいた。ある日男が歩いていると、見覚えのない家の中から誰かにチューチューとねずみの鳴き真似で呼ばれた。近づくと、女の声で「入っておいで」と囁《ささや》かれ、面食らいながらも扉の奥へ吸い寄せられていく。

「扉を閉めたら鍵をかけて」

「鍵をかけたら簾《すだれ》の中へ来て」

簾をくぐると二十歳ばかりの美しい女が微笑んでいた。女の誘うままにその手を取る。セックスが終わると、女房らしき者が食事を持ってきた。あれ？　さっき扉の鍵、かけなかったっけ？　そんな疑問が頭をかすめたが、食事をしてまた女と寝ている間に忘れてしまった。

女との暮らしは楽しく、いつのまにか数日が経っていた。女が「出かける用事はないか」

と聞くので知人のところに行きたいと伝えると、馬と人を用意してくれた。二十日ほど経った頃、女がにわかに言った。

「私たちって、前世からの運命だと思うんだよね。運命だから、生死を問わず私の言うことを受け入れてくれると嬉しいんだけど」

男はすぐに答えた。

「もちろん、君になら殺されてもいい」

女は喜んで奥の部屋へ恋人を連れて行く。その部屋で男は縛りつけられた。背中をむき出しにし、膝《ひざ》をついた状態で固定される。女は烏帽子《えぼし》と袴《はかま》を身に着けた男装姿で、手に鞭《むち》を持っていた。男の背中を打ちつけながら、女は尋《たず》ねる。

「今、何考えてる?」

「……悪くはないなって」

「あなた、私の思った通りだね」

ことが終わり、女は男に薬を飲ませ豪華な食事を用意した。三日ほどで背中の傷がよくなるとまた奥の部屋へ彼を呼び、前の鞭の痕《あと》めがけて打つ。男が血を流しながらも顔色を変えずに我慢していると、女は上機嫌になった。手当てをし、治ったらまた鞭打つ。また介抱する。何度か繰り返した後で女は男に立派な服を着せ、こう言いつけた。

「今から蓼中《たでなか》の御門へ行きなさい。コンタクトを取ってくる者がいれば『お待ちしておりました』とだけ答えなさい。その者の言う通りに行動し、邪魔者が現れたら倒して。手に入れたお宝を山分けしようという話になると思うけど、何も貰《もら》わず帰ってきて」

指示された場所へ行くと、男たちが二十人ほど屯《たむろ》っていた。ボスらしき小柄な男が一人で佇《たたず》んでいる。

それからは全て女の予言通りになった。

言いつけ通りに行動して家へ帰ると、女は湯を沸かして待っていた。食事して女と寝る。男はもう離れられないほど女を愛していた。以降、同じような不可解な仕事をすることが七、八回あったが、嫌ではなかった。

あっという間に一年、二年が経った。女はこのところ泣いてばかりいる。わけを聞いても、「儚《はかな》い世の中、いつどこであなたと別れるかもしれないと思うと、悲しくて」などと要領を得ない。男には女の嘆きがよくわからなかった。気の迷いだろうと心にも留めず、ひとり出かける。女もいつものように送り出してくれる。しかし用事を終わらせて帰路につこうとすると、待たせていたはずの従者と馬がいなくなっていた。急ぎ戻ると、家があった場所には何もなかった。ようやく女の涙を思い出したがもう遅かった。その後、行くあてもなく暮らしているうちに男は盗みを数回働いて捕まった。その時に事情を聞かれて話したのが、この物語というわけだ。

男は思う。女は人ならざる者だったのだろうか？　今思い返せば、最初の仕事で見かけた小柄な男の、炎に赤く照らされた横顔はハッとするほど白く、美しく、どこか女に似た面影があった。もしかしたらと思ったが、今ではもう何もわからなくなってしまった。

「人に知られざる女盗人の語《こと》」はしばしばSMと関係づけられて語られる。正直に言うと、私がSMについてコメントできることは何もない。あるとすれば、数年前の年の瀬に知り合いのお姉さんに大阪・北新地のSMバーへ連れて行ってもらい、お土産に羽子板《はごいた》を貰ったくらいである。なぜ羽子板かというと、「ジャパニーズ・スパンキング・ラケット」といって年末〜お正月向けのお土産にすると、外国人のお客さんが喜ぶからだそうだ。羽子板はその後しばらくお正月の水《みず》引《ひき》とともに家の玄関に飾られていた。

想像でSMについて書くのは心苦しいので、ここでは二人の関係について考えようと思う。

今昔物語二十九巻に収められているこの物語は、「とても不思議な話なので、このように語り伝えられていることだ」と締めくくられている。数日のうちに女と屋敷が痕跡も残さず消えたこと、その後誰もその姿を見ていないこと、美しい女が実は盗人だったかもしれないことが「世の稀有《けう》の事」だという。だけど私にはもっと気になることがある。

——男を置いて消える直前、女盗人はなぜ家で泣いていたのか。破局を作り出したのは自分自身なのに、彼女は「別れるかもしれないことがつらい」と言っていた。つまり、本当は別れたくないのに何らかの事情で別れなければならなかった、ということになる。作者がわざわざ冒頭で

「すわやか（すらりとした）」と描写するほどの好青年で、鞭を受け入れられる精神と肉体を持ち、従順に仕事をこなす逸材をなぜ手放してしまったのだろう。

女盗人は何でも持っていた。家。美貌。従者。子分。馬。力。金。男が生活に参加したからといって、生活の質、つまりQOLには大きな影響はなかった。しかし彼女は男に目をつけ、わざわざ呼び寄せ、自分を性的に解放し、鞭で打って愛し、仕事にも関わらせた。彼女は終始男に優しかった。男だって、見てはいけないものを見たとか、仕事を失敗したとか、フラグとなるような行動は一度もとらなかった。女盗人が男を捨てた決定的な要因ははっきりせず、それ以前になぜ男を見初《みそ》めたのかもよくわからない。どこに女盗人の「選別」があったのだろう。

多分、この物語を読んだ全ての人が「なぜ、なぜ鞭なんだ……」と思ったことだろう。私は、この鞭打ちが「見初めるための選別」だったのではないかと思う。昔話には結婚に伴い無理難題をふっかける難題婿《なんだいむこ》という類型があるが、鞭で打つというケースはとても珍しい。盗賊になるための単なるスポーツテストと考えることもできるが、そうではなく、女盗人は自分のエネルギーを受け止められるだけのメンタルの強さがあるかどうかを知りたかったのではないか（あるいはもっと飾らずに、趣味嗜好が合うかどうかのチェックだったかもしれない）。この試験で男は「女盗人→男」という力の流れを受け入れた。女盗人は喜び、二人の絆はより強くなった。この時点ではまだ、これから二人の関係が良くなっていく予兆があった。

一方、「捨てるための選別」はもっとひっそりと行われた。女盗人が塞ぎこみ泣いているシーンである。彼女が「お別れすることになるかもしれない」と言った時、男はその悲しみを深く追求しなかった。気の迷いだと軽くとらえて出かけてしまった。これこそが彼の失敗だった。

このシーンに限らず、劇中、男はほぼ思考をしていない。男は女盗人に呼ばれるまま家にあがり、誘われるまま寝室へ入り、「生かすも殺すも君次第」とばかりに鞭と介抱に身を任せる。指示された仕事にも疑問を持たないし、女が別れを示唆しても深く考えない。もともと盗賊ではなかったのに一人になってからも何となく盗みを繰り返す。女がいなくなってもなお彼女から受けた影響を引きずっている。世界に対してどこまでも受動的である。

あまりにも受動的だったので、彼は自分のちょっとした選択によって「まさか」そんな悲しいことが起こるなんて思わなかったのだ。しかしどちらかというと、これまでに起きた出来事の方がよほど「まさか」っぽい。不条理な別れくらいポンと発生しそうな気がする。それなのに油断してしまった。彼にとって女との非日常はすでに日常になっていて、そこでは平和な日々が続くと思い込んだ。その日常は、全て女盗人が生み出したものだったのに。

対して、女盗人はただひたすらに能動的だ。彼女は何にでもなれる。人間と物《もの》の怪《け》。善良な市民、大勢を束ねる盗賊の頭領。女性の姿と、烏帽子と袴を身に着けた男性の姿。鞭を持って攻撃する者と、介抱し癒《いや》す者。幸福をもたらす者。はたまた不幸にする者。尽くす者と使う者。与える者と奪う者。彼女はそのどれでもあった。

ただし、彼女がひとつだけなれなかったものがある。それは、男のような「受動的存在」だ。二人の世界は全て女盗人のアクションによって生まれている。彼女が動かなければ話が進展しないし、男との関係も深まらない。

女盗人は自分と同じか、それ以上にラディカルで、アクティブで、ポジティブで、アグレッシブな人間を探していたのではないかと私は思う。彼女は自分に対して要求し、不満を言い、注意し、攻撃し合い、お互いに高め合える相棒を探していたのではないか。自分が作用する力と同じくらい強いベクトルで自分に作用し返してくれる存在を探していたのではないか。第一の選別の最適解は「女盗人↓男」だったが、第二の選別の最適解はその逆、「女盗人↑男」だったのではないか。彼女は別れをちらつかせ、男がどう行動するかを試していた。はたして、男は行動しなかった。彼女が能動的に作り出す非日常が男にとっての日常になった瞬間、彼女は姿を消した。

＊

エンディングで男は不幸にならない。捕まりはしたが命に関わるほど恐ろしい目に遭うこともない。それは女盗人が男に危害を加えるつもりがないからだ。彼女は彼を憎んでいない。だって、それなりに愛があった。この男なら愛せそうだった。その愛を育てていきたい、できれば一緒にいたいと思っていた。それなのに、だめだったのだ。

「この人となら高め合えるかもしれない」「ずっと一緒にいられるかもしれない」と希望をかけた

相手が実際にはそうでなかったというのは、やるせなく、悲しい。二人はどうすれば末永く幸せに暮らせたのだろう。もしも、女盗人の涙の理由を男がもっと追求していたら――「どうしても気になるから」と外出をやめておけば――「この家、何か不思議なことばかり起こるけどどうなってんの？」「あの時、なぜ自分を呼んだの？」と聞いていれば――あるいは、女盗人が男に「お前も自分から何かやってくれよ！」と一度でも面と向かって伝えられていれば。

いつか、二人がまた出会うことができればいいと私は祈っている。ほんの少しの違いで、これまでと違う関係を築くことができるかもしれない。もしもまた出会えたら今度は男が鞭をふるってみてもいいのかもしれない。やっぱり向いてないかもしれないけど。やってみたことがないから、わからないんだけど。鞭が難しければこんな風に誘ってみてもいいかもしれない。入門編として、ＳＭバーのイベントナイトに今度一緒に行ってくれないか。新しい君の顔を間近で見ていたいから。

CASE STUDY 4

身だしなみとヤバい女の子——虫愛《め》づる姫君（堤中納言物語《つつみちゅうなごんものがたり》）

「すっぴんで会社に行くのは社会人失格」というのは本当だろうか？　化粧しなくても、私の顔には目も鼻も口も眉もついている。もちろん化粧したい人はすれば良い。だけど私はその時間に、詩を一行読みたいのだ。

蝶を愛する姫君の屋敷のとなりに、按察使《あぜち》（地方の行政を監督する要職）の大納言の娘が住んでいた。

「人々は花や蝶を愛するけど、私にはそれがとても儚《はかな》く頼りなく思える。」

大納言の姫君はそう言って、毒々しい虫を好んで飼育していた。特に毛虫がお気に入りだ。よく観察するために邪魔な髪を耳にかけ、手のひらに乗せて可愛がる。姫君は姿かたちを取りつくろうことを嫌い、絶対に眉《まゆ》を整えず、お歯黒《はぐろ》をつけなかった。笑うと小さなくちびるから真っ白な歯が見える。両親はそんな娘に戸惑っていた。

「お前の言うこともわかるけど、世間ではやっぱりきれいな娘が好まれるんじゃないかな。キモい毛虫を可愛がってるなんて噂されたらみっともないし……」と言ってはみるが、

「誰に何を言われても全然大丈夫。それより、物ごとの本質を辿って変化を観察し、真理に至ることの方が百倍重要だと思う。毛虫が蝶になるように、全ては移り変わるんだから」

と、てんで効果がない。一方で、妙にコンサバティブな一面もあった。「女と鬼は人前に出ない方が良いのだ」と言って両親にも姿を見せず、いつも簾《すだれ》越しに話すのみ。両親は姫君の意見を尊重したが、女房たちは不満を募らせていた。虫はうじゃうじゃいるし、怖がって騒げば姫君にじっとりにらまれる。若いメンバーはいつも陰口で盛り上がっていた。

「うちの姫、やたら賢《さか》しらに振舞ってるけどマジきつい」

「毎日、毛虫、毛虫で気が狂いそうなんだけど。てか姫の眉毛もほぼ毛虫じゃね」

「じゃあ歯茎は皮の剝《む》けた毛虫ってかｗｗｗ」

「冬も毛虫の毛皮で過ごしたら暖かいんじゃねｗｗｗ」

「それなｗｗｗ」と笑うのを、古株の先輩女房がたしなめる。

「またそんな風に言って！　別に良いでしょう、何も毛虫を蝶だと言い張っているわけでなし。毛虫が蝶に変化する過程に興味を持つことは実際、素晴らしいことなんだから」

女房たちが怖がるので姫君は男の子たちに虫を集めてもらっていた。男の子たちはみな、けらを、ひきまろ、いなかたち、いなごまろ、あまびこなど、虫にちなんだニックネームで呼ばれていた。彼らは姫君と一緒になって虫をテーマに歌を詠《よ》んだ。

いつしか近所の人々はゲテモノ好きの姫について噂するようになっていた。ある家の御曹司も姫君の評判を聞きつけた。元気が良く自信に溢れ愛嬌がある若者で、名を右馬佐《うまのすけ》という。

右馬佐は姫をビビらせてやろうと企《たくら》み、「あなたを想う心は蛇《へび》のように長く限りがない」と書いた手紙と一緒にカラクリの蛇を贈った。何も知らない姫君が手紙を開けると蛇が飛び出し、屋敷は大騒ぎになった。姫君は動揺しながらも蛇に念仏を唱える。その声が震えているのを女房たちは馬鹿にして笑った。駆けつけた父親が蛇の正体に気づいて騒ぎは収まったが、歌を贈られたら返歌をしなくてはならない。姫君は汚い紙にカタカナで返歌を書いた。

「ご縁があれば極楽で会いましょう。虫（蛇）の姿では一緒にいられないから」

返歌を受け取った右馬佐はがぜん興味を持った。目立たないよう女装して屋敷を訪れ、隠れて様子をうかがうと、姫君は男の子たちと一緒に大量の毛虫を観察していた。良い個体が見つかってハイテンションなのか、ばたばたと走り回り簾から身を乗り出している。それは不思議な姿だった。着物を頭まで被り、髪は美しいのだろうが手入れはしていなさそうだ。眉は黒く生え揃い、ちょっと涼しげとも言える。くちびるもなかなか素敵だけど、お歯黒がないのでどぎまぎする。絶対おかしいのに、どうにも鮮やかで魅力を感じてしまう。若い女性がよく着る赤い袴ではなく、白い袴を身に着けている。

（想像してたよりかわいいじゃん。かなり変だけど、エキセントリックで良いかも。化粧したら化けそうなのにもったいないな。虫好きでさえなければなぁ。惜しいなぁ。）

女房たちが右馬佐に気づき、慌てて姫君に簾の中へ入るよう促す。姫君はすぐには納得せず、男の子に垣根を見てきてもらう。確かに知らない男が覗いていると聞くとようやく毛虫を懐《ふところ》に仕舞い、家の中に駆け込んだ。右馬佐は帰りがたくなり、草の汁でまた手紙を書く。

「毛虫の毛深い姿を目にした時から、手にとって大切に愛《め》で守りたいと思っています」

手紙を読んだ女房たちが姫君の恥ずかしい姿を人に見られてしまったと嘆く。姫君は動じずに「悟りを開けば何も恥ずかしくない。永遠に変わらない価値なんかないんだから」とつぶやいた。右馬佐がずっと返事を待っているので、見かねた女房が返歌の代筆をした。

「世間一般の人と異なる私の心は、あなたの名前を聞いてから明かそうと思います」

この歌を見た右馬佐は「毛虫のようなあなたの眉毛の毛先ほども、あなたに敵う人はいないでしょう」と笑い、帰っていった。

——このお話の続きはきっと、第二巻にあるでしょう。

「虫愛《め》づる姫君」は『堤中納言物語《つつみちゅうなごんものがたり》』の中で最も有名な話だ。高校生の頃に全く古文の授業を聞いていなかった私でも覚えている。有名な物語だから、きっと色んな考察があって面白いだろうな。そう思ってうきうきしながら資料を読み比べ、ものの数時間で私は落ち込んだ。姫君の矛盾点や異常を取り上げるものがとても多かったからである。簡単に書くと次のような感じだ。

- **物ごとの移り変わりを重視すると言いながら、幼虫である毛虫にばかり注目し、蝶を軽視している。幼虫を愛でるのは成長したくないという気持ちの表れである。**
- **美しいものだけを愛でるなと言いながら、贈られた偽物の蛇に恐怖を感じている。**
- **風習に反抗しながら、「女と鬼は人前に出ない方が良い」と姿を隠している。**
- **恥ずかしいことは何もないと言いながら、右馬佐に見られていることを知って家の中に逃げ込んでいる。行動が一貫していない。破綻がある。**

などなど。もちろん今ここでこれらを一つずつ取り上げて「○○先生の□□という指摘はひどい！」などと難癖をつけたいわけではない。ロジカルな説明で、とてもよくわかる。わかるのだが、ただ、ああ、なんか、めちゃくちゃ落ち込む……と思った。だって落ち込むではないか。ただ虫を愛でただけで、一人の女性、一人の人間が「幼虫を愛でるのは成長したくないという気持ちの表れ」「こんなに異常な振る舞いをしたからには確固たる考えがあるはず。なのに行動が一貫していない。破綻がある」と言われることに、考察とか批判とか抜きで、なんという か、わーん！　と思ってしまった。

これは私の直感的・希望的想像だが、「虫愛づる姫君」は、別に普通の女の子ではないか？単に虫が好きで、物ごとの移り変わりに興味があるだけの一人の女の子でいることは、許されないのだろうか。先輩女房は全面的に理解を示してくれるし、両親も価値観が合わないなりにそっとしておいてくれるが、同世代は姫君に少なからず否定的だ。若い女房たちは、自分で思っているほど特別ではないのにと嘲笑し、右馬佐は、彼女の思想はどうせ辻褄《つじつま》が合っていないだろう、と矛盾を暴くために蛇を贈る。みんな彼女の思想を矮小化《わいしょうか》する。けして虫愛づる姫君をそのまま受け入れようとしないし、受け入れられない原因は姫君の方にあると考えている。

確かに姫君の言動には不可解なところがある。しかし、完璧な理由がなければ好きな服装と好きな勉強をしてはいけないのだろうか。（わー、毛虫が蝶になるのって不思議だな～。毛虫が蝶になるくらいだから、他のものも何か別のものになるんだろうな。おもしろ～！　もっと色々なものを見てみたいな）と思うことに大義名分が要るのだろうか。ひとたび虫が好きだと言ってしまえば、どんなシチュエーションでエンカウントしても堂々と対峙しなければならないだろうか。もしも知識が足りず経験も少ないのであれば、色々やってみながら精度を高めていけば良いはずだ。だって「変わったことをやりたければ最初から完璧な理論を用意しなければいけない」というのなら、誰も何もできないではないか。

姫の言動で私が違和感を感じるのは、「女と鬼は人前に出ない方が良い」という台詞《せりふ》だ。いつも真理を追い求め、尊重するべきこととあまり気にかけなくていいことを精査しようとする彼女が、なぜ頑《かたく》なに当時の風習に従おうとするのだろう。右馬佐に覗き見られた時だって、気にせずに毛虫研究を続けそうなものだが、姫君は身を隠してしまった。

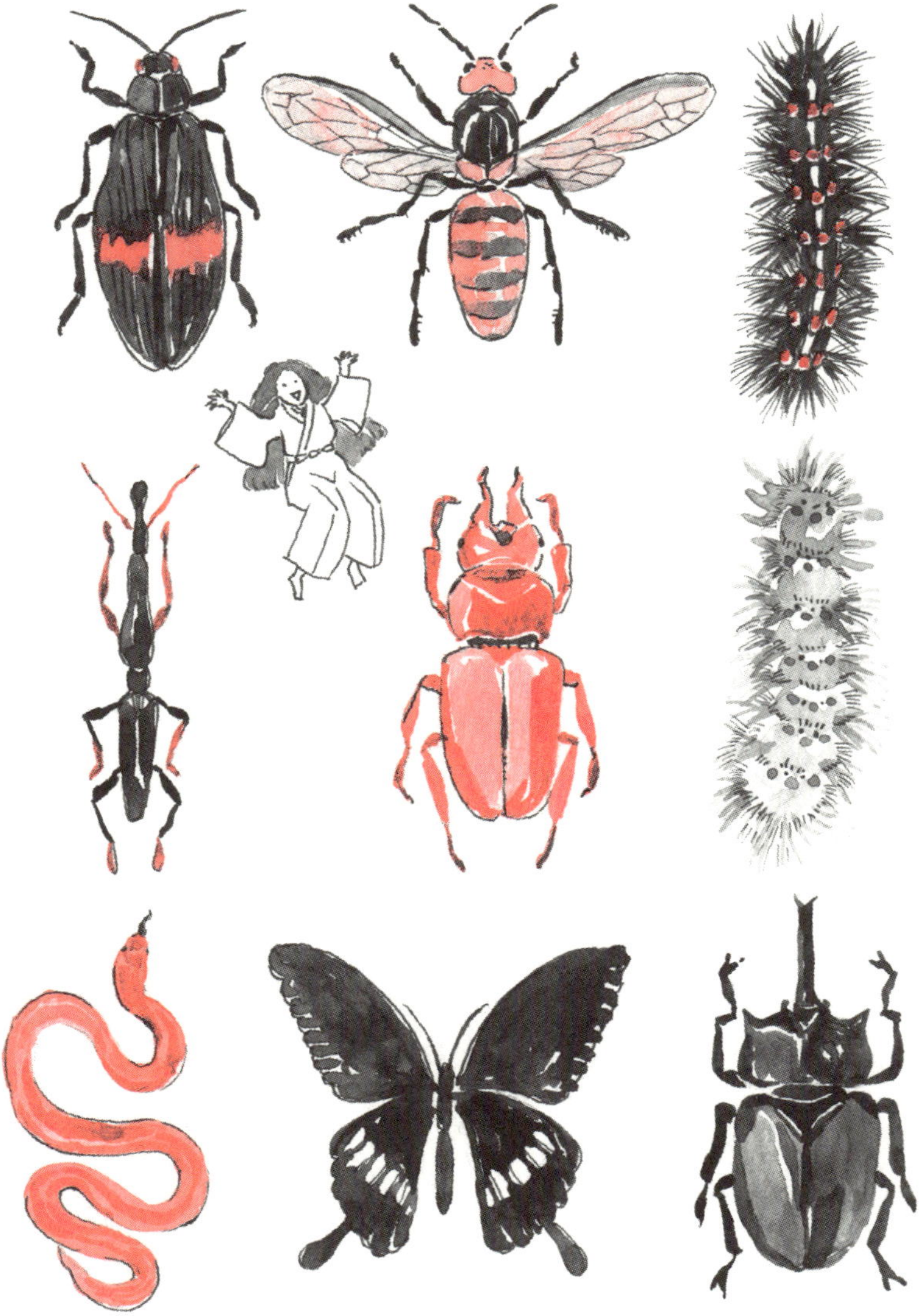

それに、「鬼」というイメージはどこから出てきたのだろう。女と鬼。鬼が人前に出ない方が良い理由は簡単に想像できる。鬼が現れたら人々は驚いて危険を感じ、退治しようとする。混乱する人々を説得するのは難しい。最初から人々に見つからないように気をつけた方が安全だ。姿を見せなければ誰かを不快にさせることも、討伐されることもない。鬼は行きたい場所、見たいものを我慢し、息を潜めて窮屈にしていれば平和に暮らせるのだ。

姫君はいつも体を張って風習というレギュレーションを破壊しようとしているが、大勢の人を説得しようとか、わざと目立とうという気はない。彼女は両親にも女房にも虫捕りやすっぴんを強制することはなく、せいぜい虫に過剰反応しないでほしいと頼むくらいだ。それでも姫君の行動は「鬼」のように人々の心をかき乱してしまう。右馬佐に見られたと知った時、姫君は毛虫を放り出さずに逃走した。無意識の行動だったかもしれないが、自身の生き方の表れである虫を捨てなかった。彼女は自分の信念を曲げないために身を隠したのだ。

きっと姫君は十数年間この世界で暮らした経験によって、何をすればどんなことが起き、どんな扱いを受けるのかを少し知ってしまったのだろう。騒ぎになったら虫を観察できない。それに両親の気持ちもわかる。私の目的は、見知らぬ男性に自分の意見を通すことでも、両親をわざと困らせることでもない。ただ虫を愛し、物ごとの成り立ちを知りたいだけなのだ。それならせめて姿を隠してあげよう。ややこしいことになる前に退散しよう。鬼と「鬼のようにイレギュラーな女」は人前に出ない方が良い。彼女はそう考えていたのかもしれない。

とはいえ、虫愛づる姫君がほんとうに鬼のようにイレギュラーな存在だったかというと、私は案外そうではなかったのではないかと思う。虫愛づる姫君には名前がない。物語の冒頭でちらりと触れられるだけの謎の隣人、蝶愛づる姫君にもない。彼女を取り巻く人物には「けらを」「兵《ひょう》衛《え》」などのニックネームや「右馬佐」という固有名詞が与えられ、「the」と特定できるよう扱われている。それなのに姫君たちはただただ概念として存在している。まるでこの世界に点在して同じような目に遭っている女の子たちを指しているかのように。もしも舞台が現代なら、インターネットがあれば、この「虫愛づる姫君」はどこか遠く離れた場所に住む別の「虫愛づる姫君」と知り合い、意気投合できたかもしれない。あるいは、ご近所に住む蝶愛づる姫君と仲良くなることもできたかもしれない。蝶だって虫である。

「虫愛づる姫君」は、別に、騒ぎ立てるほど異質ではなかった。好きな勉強をして好きな格好をする一人の女の子だった。オフラインで彼女に関わったせいぜい数十〜数百人の人たちが、勝手に彼女をカテゴライズしたのだ。

ところで、恋というものは常に生まれなければならないものだろうか。この物語は「二の巻に続く」と締められているが実際には二巻は残されていない。作者がストーリーに余白を作るために、存在しない続編を仄《ほの》めかしたのだろうと言われている。

どんな結末でも読者が自由に想像して良いのなら、私は姫と右馬佐に恋が生まれなければいいと思う。右馬佐は姫君の外見に戸惑いながらも惹かれている。ニュートラルに彼女を評価しているように見えるが、すぐ後に「虫好きでさえなければ」「もっと見た目をちゃんとしたら魅力的なのにもったいない」と続く。この「たられば」は、右馬佐が今はまだ自分の価値観を見直す気がないことを意味している。右馬佐の価値観に照らし合わせると、化粧をして「女らしい」身なりをしていること、そもそも顔が整っていることが女性の必要条件となるのだ。姫君がどれほど虫を愛していようと、そして姫君の涼しげで魅力的な雰囲気がその探究心から湧き出ていようと、そこには重きを置いていないのだ。これを現代に置き換えると結構ひどいのではないか。

——興味のあるものに夢中になって好きなように暮していたら、身近な人たちから「カシコぶってて痛い」と文句を言われ、見ず知らずの男から「お前の探究心はどうせ中途半端なものだろ」と嫌がらせをされ、でもその嫌がらせに返事をしなければならず、返事をしたら余計に絡まれてじろじろ見られた。キモいので逃げると「うわっ、逃げた。やっぱり生半可な覚悟なんだ」と全然関係ない傍観者に分析され、当の男からは恋を示唆しているとも馬鹿にしているとも取れるLINEが届く。しかもその男は「化粧したらかわいいのに惜しい〜」とか言ってる。

もしもこの内容が友達からの相談であれば、私は「好きだって言ってるつもりならとんちんかんすぎるし、馬鹿にしてるなら許さん」とコメントする。惜しいってなんやねん。何も惜しくな

いわ！　ナメてんのか⁉　だけどこのシチュエーションがボーイ・ミーツ・ガールとして展開されることによって、あたかも良いもののように見えてしまう。埋もれた少女の魅力に少年が気づいたとか、性の目覚めとか、そういう意味を持たされてしまう。「スカートめくりしてごめんな、でも好きだったんだ」という具合に、「ナメ」が「青春のエモみ」に包まれて、うやむやになっていく。

＊

二の巻の内容は誰にもわからない。何も決められていないから、無理やり恋愛に落とし込んだり、ナメられたままでいなくてもいい。虫愛づる姫君はこれから先、どうなってもいいのだ。それは決まったシナリオのない現実世界でも同じである。

数日後、右馬佐が「この前はごめん。俺にも虫について教えて」と訪ねてきたなら、今度は顔を突き合わせて話してみようという気になるかもしれない。もしもまた蛇を贈ってきたら、今度は泣かす。もっと突飛な展開でもいい。虫の研究を続けているうちに生物学者と出会って超意気投合するとか。はたまた、姫君自身が昆虫博士になって、突然変異で巨大化した虫に立ち向かっていくとか。蝶愛づる姫君と仲良くなって二人でフィールドワークの旅に出るとか。

——そんな風に二の巻のストーリーを無限に想像しながら、私は空白のページをめくる。

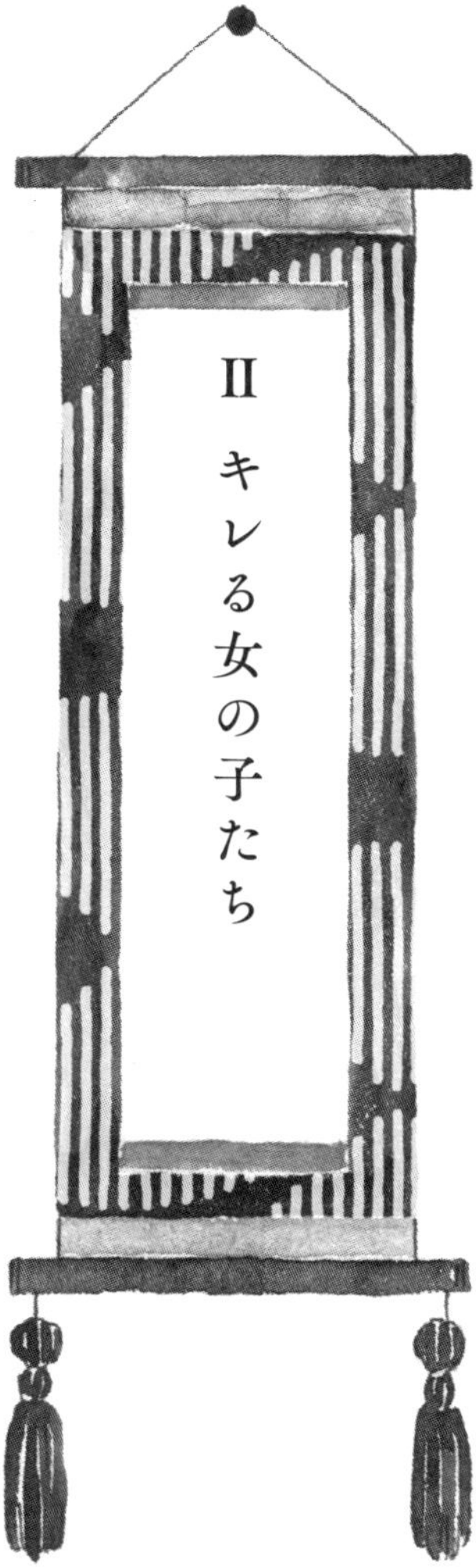

II キレる女の子たち

あなたが私の喜びを望まないのなら、自分が我慢してこの暮らしが続けられるのなら、私、耐えてみようと思ったよ。でもだめだった。お腹がすくんだもの。

CASE STUDY 5

我慢とヤバい女の子——飯食わぬ嫁

あるところに独身の男がいた。彼はとてもけちだったので、「結婚すると妻の食費がかかる。飯を食わない女がいたら考えてもいい」と言ってずっとひとりで暮らしていた。友達は全員、（こいつ、アホだ……。この調子ではずっと独り者だな）と思っていたが、意外にも男はある日突然結婚した。なんでも、本当に飯を全く食わない女だという。そんな人間がいるはずがない、悪いことは言わないからやめておけと皆忠告したが、男は少しも気にとめなかった。

理想の妻と出会って男は満足だった。朝から晩まで働くし、顔もスタイルも最高。何より食事の必要がない。しかし、しばらく経ったある日、微《かす》かな異変に気づいた。蔵《くら》に貯めてある米が減っている。自分ひとりが消費した量ではない。どう考えても犯人は妻だ。ちくしょう、騙しやがったな。男は仕事へ行くふりをしていつもどおりに家を出て、それからすぐに引き返し、隠れて見張ることにした。家に残った妻はてきぱきと掃除などしていたが、おも

むろに台所に立ち大量の米を炊きはじめる。炊けるそばからどんどん握る。みるみるうちに握り飯の山ができる。満足そうにそれを見下ろすと、彼女はさっと髪を解《ほど》いた。

男はあやうく叫びだすところだった。頭の後ろにぽっかりと大きな穴が空いている。それは口だった。くちびるがあり、歯が並んでいる。妻の美しい顔にすっきりとついている口の何倍も大きい。細い指が握り飯を摑《つか》んでぽいぽいと後頭部へ投げ入れる。何十個も並んだ握り飯は一瞬にして消え去った。おかずが欲しくなったのか、棚を物色し、今度は魚をひょいひょい放り込む。気が済んだらしい彼女が元通りに髪を結うと朝自分を見送ってくれたままの麗《うるわ》しい姿に戻ったが、もう直視できなかった。

男は蒼白になりながらもいつもどおりの時間に帰宅し、なるべく何でもない風を装って言った。

「離婚しよう」

妻は悲しみ、お別れの思い出にあなたの作った桶《おけ》をくださいとつぶやく。震える手で桶を差し出す。妻の白い手がゆっくりと伸ばされる。それは桶を素通りし、男の腕を強く摑んだ。視界が反転し、桶の中に投げこまれる。妻はそのか細い身体で成人男性が入った桶を軽々と担《かつ》ぎ、猛スピードで走り出した。このままでは殺される。

恐ろしい行進が山へ差しかかったとき、運よく木の枝が長く伸びて垂れ下がっていた。男は必死に桶から飛び出して枝を摑み、脱出する。彼女がすぐに気づいて追いかけてくる。足がとんでもなく速い。速いだけでなく、異常に多い。どこからどう見ても蜘蛛の化け物だった。もうだめだ、追いつかれる……と思った瞬間、目の前に菖蒲《しょうぶ》の草むらが現れた。転がるように飛び込む。すると突然化け物の動きが止まった。なぜか草むらに踏み込んでこない。化け物はその後もしばらく毛むくじゃらの足をばたつかせ、口惜しそうにそばをうろうろしていたが、やがてどこかへ消えてしまった。それ以来、五月の節句にはどこの家でも菖蒲を飾るようになったという。

口はふたつの機能を持っている。ひとつは周囲とコミュニケーションを取り、外部を変容させる機能。もうひとつは自分以外のものを取り入れ、内部を変容させる機能。私たちはキスをして相手を心変わりさせたり、栄養をとるために食事したりする。どちらの機能も生きるのに必要不可欠だ。「飯食わぬ嫁」は別名「食わず女房」「口なし女房」と呼ばれる。口なし女房は名前の通りのキャラクターデザインだが、やはり後頭部に隠された口がある。人間と同じように、彼女にとっても食事は生命を維持するためのものだ。生きるために、成長するために、人生を楽しむために、食事が必要だった。

しかし男は自分の妻に、生きないこと、成長しないこと、楽しまないことを望んだ。それも「金がもったいない」という理由で。もし本当に彼女が生まれつき食事を必要としない性質《たち》なら問題なくハッピーエンドを迎えられたかもしれない。多少疑問は残るが、一応、運命の出会いだ。あるいは彼女が自分の食欲を抑え、気づかれない程度に米の消費をコントロールし、いつも満たされない気持ちで毎日を過ごしていれば、この結婚生活はもっと長く続いたかもしれない。でも実際には食べるのである。それも人一倍。彼女には「二口女」という別名もある。ゼロどころか人の倍、口を持っているのだ。

「穴があったら入りたい」という言い回しがあるが、それは後で脱出できる場合に限られる。二度と出られない一方通行の穴は恐ろしい。人間は穴を恐れるあまり時に自意識過剰になり、時に被害妄想を抱く。例えば、世界各地に伝わる神話や民話に「ヴァギナ・デンタタ（歯の生えた膣）」と称される女性たちがたびたび登場するのも、その表れかもしれない。彼女たちは女性器に歯を有し、挿入された男性器を嚙みちぎる。また、イタリアの「真実の口」も偽りの心がある者の手を嚙みちぎると言われている。このように、人間の顔と恐ろしい穴を結びつける時にはいつも口が引き合いに出される。口はこの世とあの世を繫ぐ恐ろしい穴、すべてを飲み込む暴力的なブラック・ホールであり、油断すれば捕食されてしまいそうな恐怖をかきたてる。捕食する側とされる側の間には意思の疎通はなく、一方的にひどい目に遭わされるのみだ。しかし、私にはどうにも飯食わぬ嫁が明確な悪意を持った恐ろしいモンスターだとは思えない。

そもそも、彼女の目的が何だったのかよくわからない。正体を隠していたのだから、彼女には人間に擬態しそれなりに村の生活に馴染もうという意思があったのだと思う。しかし髪を結んで

後頭部を覆い、欲求を押さえつけ、労働だけを要求する夫に応える暮らしは彼女にとって決して心地良いものではなかったはずだ。わざわざホームからアウェイへ出向いてきて不自由な生活を強いられ、それでもなお彼女が「食べない女」という枠に自分を当てはめ続けた理由は何だったのか。想像できるのは、次の三つだ。

①空腹なので人間を食べるチャンスを窺《うかが》っていた。
②人間の暮らしに潜り込み、定期的に食事にありつける環境を手に入れたかった。
③好きな男と一緒に暮らしたかった。

何だかどれもピンと来ない。空腹であれば男とエンカウントした時点で即齧《かじ》りついていただろうし、村人に紛れて人間を襲うための偽装にしては効率が悪い。この男と暮らしていたら隠れて摂るカロリーより労働で消費するエネルギーの方が多くなりそうだ。男は魅力的とは言い難いし、恋のエピソードも特にない。ちなみにクライマックスを迎えても彼女は男を食べようとしない。結局食べたものは魚と米だけだ。ヘルシーである。

彼女の態度には、どこか戸惑いを感じる。ここから先は想像だが、彼女には行動を即決できるほどの強い意思がなかったのではないだろうか。はっきりと決意して男のもとへやって来たのではなく、なんとなく、ふらりと来たのではないだろうか。例えば、こんな感じで。

——友達から「人間と結婚するのが今イケてるらしいよ」という噂を聞いて興味本位で里へおりてきた。皆がそう言うなら一応、やってみようかな。それも悪くないかもしれないな。人間の男と出会った時、出会いがしらに襲いかかるほど腹は減っていなかった。聞けば「俺、女に飯代かけるの大嫌いなんだよね」と言う。男に対して特別な感情はなかったが、人間でない自分にはその願いが叶えられるかもと思ったので夫婦になってみた。結婚したら夫は想像していたよりも人使いが荒かった。何というか、すげーモヤモヤする。でも別に一生このまま我慢する気はないし、かといって今すぐ出て行きたいほどつらいわけでもない。でも思ったよりは楽しくなかったな。ちょっと嫌だな。というか隠すようになって初めて気づいたけど、私って食欲旺盛だったんだな。などと考えてぼんやりしていたら、正体がばれてしまった。もちろんばれたら生きていけないというほど男を愛してもいない。放っておくのはまずかろうが、進んで殺すのもなあ……。

そんな訳で、彼女は決断を後回しにし、とりあえず夫を拉致《らち》して走り出したのかもしれない。こう書くと彼女が特別流されやすいみたいだが、その実、日々の暮らしの中で「何が起きても後悔しない！　絶対に初志貫徹する！」と完璧に決めて何かを始められることは案外、少ないですよね。スタートはいつも自然発生的に滑り出してしまう。成りゆきのように望まない事態に辿り着いて、ゆるやかな不満による破壊とともに生活が終わってしまう。

うーん、何だか、今していることに何の意味もないような気がしてくる。確かにこれは私の意思で始めたことだった。だけど何のためにここでこうしているんだっけ。私のしたいことは何だっけ。私の「真実の口」は日に日に自分の欲求に気づきはじめている。残念なことに、今の生活のルールではそれに応えることができない。我慢しなくちゃ。だけど、このルールって、どこから来たものなんだっけ。

＊

結婚生活は終わったが、「飯食わぬ嫁」はふんわりと自分を包むアンコンフォータブルなルールに反発し、逃げることができた。ほんとうによかったと思う。

彼女は一人に戻ってとても楽になった。もう髪をしばらなくてもいい。お腹がすいたら誰の目もはばからず好きなだけ食事をしてもいい。とりあえずミスタードーナツの一〇〇円セールへ行こう。それからパテとブルーチーズと鳩。メインにもう一皿、猪か鹿。ついでにブーダン・ノワール。野菜はまあ、明日でいいことにする！　胡桃《くるみ》のつゆの蕎麦でいったん締めて飲みなおそう。花のお酒とフルーツ。飲んだことないけど、強い焼酎。黒いワイン。そうそう、それから明け方のラーメン、疲れた身体にワンタンが染み渡るよね。まだ足りなければファミリーレストランが二十四時間オープンして私たちを待ってくれている。それでも食べ足りないなら日付変更線を越えて朝食を食べに行きましょう。モーニング・コーヒーで、乾杯。

新卒で入社して五年目、最近仕事がとても楽しい。天職だと思う。生きている限りこの仕事を続けたい。誰の言葉にもどんなセオリーにも邪魔させない、だって私の「ライフ」と「ワーク」なのだから。

CASE STUDY 6

仕事とヤバい女の子——鬼怒沼《きぬぬま》の機織姫《はたおりひめ》

栃木県・川俣《かわまた》に住む弥十《やじゅう》という若者が山道を一人で歩いていた。いつのまにか道を見失い、花が咲き乱れる沼地に迷いこんだ。見覚えのない場所だったが、弥十にはここが鬼怒沼《きぬぬま》であることがすぐにわかった。「川俣には、鬼怒沼という美しい天空の沼がある。沼のほとりでは美しい天女様が一人で機《はた》を織《お》っている。天女様の機織りを邪魔すると恐ろしい祟りがある」。子どもの頃からそう聞かされて育ってきたのだ。しかし良い陽気である。ぽかぽかと暖かく、花の甘い匂いが広がる。弥十はいつしかうとうとと眠りこんでしまった。

……からり、とん、からり。

何か、物音がする。目を覚まし周囲をうかがうと、弥十が眠っていた岩のすぐそばで誰かが機を織っていた。とっさに身を隠す。まちがいなく天女様だ。鬼怒沼の機織姫《はたおりひめ》だ。なんて美しく、幸せそうな横顔だろう！　おさえようのない気持ちが弥十の中に湧きあがる。……いけない。恐ろしい祟りに遭うぞ。自分に言い聞かせるが体が言うことをきかない。ふらふらと立ち上がる。緊張で唇が乾く。舐《な》めても舐めてもかさついてしようがない。

「て、天女様」

気づくと、少女の腕を摑《つか》んでいた。にわかにあたりが静かになる。からり、とん、という機の音がやみ、少女は動きをとめていた。弥十のまなざしは腕から肩を伝《つた》い、着物に透ける乳房を辿る。乳房の上の白い首を。首の上の、美しい顔を――。

その顔は怒りに満ち満ちていた。次の瞬間、弥十はもの凄い力で投げ飛ばされていた。人間の腕力ではない。ようやく我に返り必死で走り出したが、もう遅かった。逃げ惑う弥十に向かって少女が機織りの杼《ひ》を投げつけた。顔面にもろに食らい、倒れこむ。額から赤い血が噴き出る。機織姫の姿は消え失せていた。

その日の夕方、弥十は血と泥にまみれて帰ってきた。何を聞いてもぼんやりして要領を得ない。ただその手に美しい杼だけを握りしめていた。

弥十はどんどん衰弱し、やがて命を落とした。村人は機織姫の祟りだと囁きあった。

鬼が怒ると書いて鬼怒沼。「鬼」と「怒」の字は後で当てられたと言われているが、それにしてもバチギレである。彼女の怒りを現代に置き換えると、次のようになるだろうか。

やべぇ
寄稿が遅れたせいで納期間に合わない
クソッ土曜日に印刷所行くしかないか…
金曜中に校了して入稿して土曜朝いちの特急に乗って
印刷所で後ろから様子見せてもらって
・・・。
よ よし…ギリギリいけるかも…
友だちドタキャンだけど
あのう
ん?

ハア ハア…
君すごく かわいいね… てかLINE やってる?
……
シバいて いい?

機織姫は一心不乱に働いていた。働く理由というものは人それぞれだ。人の数だけ働く理由がある。だが、あたり一面すばらしい景色が広がる楽園のような場所で、機織姫はピクニックもせずに手を動かしていた。彼女が天女なのであれば、労働しなくても飢えることはないはずなのに。彼女の出自はよくわからない。鬼怒沼に住んでいること、一人で機を織っていること、邪魔すると祟りがあること。機織姫の設定はこれだけしか明かされていない。なぜ機織りをしているのか、なぜここに一人で住んでいるのか、織った生地をどうするのかも伏せられている。

機織りが古い時代から女性の仕事だったというのは定説だ。バウハウスでは女生徒は織物を学ぶよう誘導されたという記録もある。機織姫が自分の仕事を気に入っていたのか、それともしぶしぶ取り組んでいたのかは定かでないが、とにかく彼女は働いていた。機織りが彼女にとってのライフワークであればその人生が、遊びたいのを我慢して生活のために働いているのであればその精神が、織り機を絶え間なく動かしていた。

そこへ突然よく知らない人間がやってくる。ろくに話したこともないその人間は物陰からじろじろと視線を送り、不躾《ぶしつけ》に体に触れる。機織姫はとても困った。腕を掴まれたら作業ができないではないか。この人間が彼女の仕事に関係する人物ならよかった。反物屋《たんもの》さんとか、呉服屋さんとか、機械のメンテナンスに来た人であれば。そして、彼女の仕事に関係する話題であれば。しかしそうではなかった。よく知らない人物は腕を掴んだまま、彼女をうっとりと見つめ、「天女様」とか「きれいだ」とか言った。投げかけられたのは仕事とも人生とも精神とも全く関係ない、容姿や佇《たたず》まいへの興味だった。

思い当たるふしがないでもない、という人もいるかもしれない。仕事の内容と関係のないコメントに遭遇すること。不当に邪魔されたり疎外されたりすること。毎日の暮らしの中でこういうことにエンカウントするのはとつぜん交通事故に遭うようなものだ。

機織姫は杼《ひ》をぶん投げて邪魔者を払いのけた。杼とは緯糸《よこいと》を収めた、棒状の小さな道具だ。彼女は仕事を邪魔されたとき、仕事のための道具で反撃した。彼女にとって機を織るという仕事は誇りであり、武器だったのではないかと私は思う。

伝承されていくうちに枝分かれし派生した『鬼怒沼の機織姫』のバリエーションには、弥十の反撃を受けて、機織姫の方が姿を消したというエンディングもある。消えてしまった彼女はどこで暮らしているのだろう。今も織り機に向かっているだろうか。それともまったく別のことをしているだろうか。幸福でいてくれれば私はどちらでも構わない。だけど彼女の織った生地の経糸《たていと》と緯糸《よこいと》の重なる一目《いちもく》一目がもう見られないとすれば、こんなに悲しいことはない。

＊

もしも弥十が機織姫の美しさではなく彼女の織った生地について話しかけていれば、次のような物語になっていたかもしれない。

――弥十はその美しい絹にふらふらと吸い寄せられていった。こんなもの今まで見たことがない。興奮して思わず機織姫の肩を摑む。

信じられない、マジでイケてますね！　どこからインスピレーションを？　門外漢の意見だけど、ここはもっと流れのある構成にした方がよくない？　こういう風にした意図を聞いても？　それにしてもよい発色ですね。一緒に何かできれば嬉しいな。もうこの仕事を始めて長いの？　一番最初に織ったもの、見てみたいな。

素晴らしい意匠の前に、興奮は尽きず夜が更けていく。朝日が昇り、心配した家族の元にぼろぼろに疲れ果てた弥十が帰ってくる。彼の手には二人が意気投合して作ったたくさんの試作品があった。そのどれもがこの世のものと思えないほどエポックメイキングなのだった。

CASE STUDY 7

第二の人生とヤバい女の子——鬼神のお松

二つの人生を生きた女の子がいる。一つめは人間の女性として。二つめは鬼として。

深川にお松《まつ》という遊女がいた。ある時、立目丈五郎という男が彼女に惚れて身請けをした。二人は結婚し、幸せに暮らしていた。

しかし、満ち足りた日々は長くは続かなかった。ある日、丈五郎は仙台藩士・早川文左衛門とのトラブルに巻きこまれ、あっけなく殺されてしまう。お松は復讐を決意し、丈五郎の友人・稲毛甚斉の助けを借りて早川文左衛門の殺害を企《くわだ》てた。

計画は順調に進むはずだった。稲毛甚斉が欲に狂い、お松に襲いかかりさえしなければ。こともあろうに、彼は復讐に協力する代わりにお松の肉体を求めたのだ。組み敷かれたお松は護身用の短剣を抜き抵抗した。激しく揉み合ううち、その剣は勢いあまって稲毛甚斉の胸に刺さってしまった。

予定より少し早く人殺しとなったお松は深川を出て、仙台の山奥に身を隠す。タイミングをうかがって早川文左衛門を誘惑し、岩手県・一関《いちのせき》への旅に同行することに成功した。一行

が道中の衣川《ころもがわ》に差しかかったとき、彼女はとびきり甘えた声でこう言った。

「お願い、どうか私を背負って川を渡ってちょうだい」

早川文左衛門はこのかわいい女の言うことに少しも疑問を持たなかった。お松は憎き男の背におぶさり、川を渡る。笑ってしまうほど無防備な背中。静かに流れる水の上で、男の首に刀を突き立てた。

見事目的を果たしたお松は、しかしもう平和な暮らしには戻れなかった。彼女はそのまま山に住み着き、通りかかった旅人を襲うようになる。その手口は決まって、病気を装って背におぶってもらい、川の真ん中で丸腰のところを始末するというものだった。噂を聞きつけた地元の盗賊がお松を殺しに来たが、彼女は盗賊を返り討ちにし、ついでに盗賊団を乗っ取ってひたすら暴れ続けた。衣川の水を血で染める鬼神。お松の美しさと残忍な手口は瞬く間に広まり、人々に恐れられた。

ある時、若い旅人が通りかかった。お松はいつものように近づき、いつものように仕留めようとする。が、そこで異変が起きた。

何だかおかしい。何かが違う。

川はいつも通り、傷口から溢《あふ》れる血で赤く染まっている。普段と違うことがあるとすれば、それがお松の血だということだった。彼女の体には刀が刺さり、その柄《つか》は旅人の手に握られていた。旅人はかつてお松に殺された早川文左衛門の子どもだった。お松は飛沫《しぶき》をあげて崩れ落ち、力なく川下へ流されていく。彼女は旅人の正体に気づいていたかもしれない。天明三年、夫の死から十六年が経っていた。

鬼は恐ろしいものだ。ひと口で、ひと刺しで、何もかも奪い去るさまは「鬼一口」と形容される。だけどお松は最初は人間だった。その大きなパワーはどこからもたらされたのだろう。変身そのものは案外、簡単なのかもしれない。例えば、節分の夜には鬼のお面を被り、豆をまく。面を被る、その動作だけで鬼は現れる。ほんの数秒のきっかけ、たったそれだけのことで。

鬼の面といえば、能に使われる鬼女の面を思い出す。鬼女の面には時間の概念があり、鬼になる「前」と、なった「後」に分かれている。例えば「橋姫《はしひめ》」の面には角《つの》がない。「生成《なまなり》」と呼ばれる面は額に小さな角が生え、感情が解き放たれかけている。最も有名な「般若《はんにゃ》」の面は鬼化が進み角も長く伸びているが、まだわずかに人間っぽい顔つきをしている。「真蛇《しんじゃ》」という名の面は最終形態だ。口は大きく裂け、目は極限まで開かれ、何より耳がない。耳がなければもう新しい情報を得ることもできない。思い出だけを反芻《はんすう》し、誰にも邪魔させずに業火《ごうか》のごとき怒りを燃え上がらせる。

実在する動物や虫のツノはオスに生えていることが多いが、角を持つ鬼の面はほぼ全て女性だ。日本の伝統的な結婚式では髪を文金高島田《ぶんきんたかしまだ》に結い、髷《まげ》の上に絹でできた「角隠し」をつける。ここでも女性と角が結び付けられている。角隠しの由来には諸説あるが、その中に「女性が怒りや嫉妬にかられて鬼になることを防ぎ、良き妻となるためのまじない」というものがある。

しかし、鬼になりさえしなければOKなのだろうか？　能楽師・金剛巌《こんごういわお》氏が書いた『能と能面』によると、「般若は悲しみと怒りのふたつの顔を持っている」そうだ。般若をはじめ、鬼になってしまった女性たちは意味なくキレているのではない。彼女たちの乱暴な力は悲しみから精製されている。頭の中に納まりきらなかった怒りと悲しみが皮膚を押し上げて溢れだす時、スーパーサイヤ人のように髪が逆立ち、角が飛び出す。それを無理やり押し込めて表面的な平和を保つことが幸福につながるとは思えない。

お松が亡くなった天明三年は一七八三年。角隠しが広まったのは江戸時代後期から明治時代だという。お松と丈五郎の結婚式が執り行われたとすれば、おそらく角隠しの普及より前だと思うが、お松がその白い絹をつけたかどうかにはあまり意味がない。例え何百回布を巻きつけたとしても、彼女の見えない角はなめらかな生地を突き破り天に向かって伸びていっただろう。

私はずっと、なぜ「鬼女《きじょ》お松」ではなく「鬼神《きじん》のお松」なのか気になっていた。鬼女とは女の鬼、または鬼のような女である。一方、鬼神は「鬼」と「神」だ。この言葉からは「人間」の要素が消えている。人間としてのお松はいったいどこへ行ったのだろう。

お松の「人」生はいつも受動的に路線変更されてきた。遊女という境遇。身請け「される」ということ。添い遂げようと誓った伴侶を殺「される」こと。丈五郎を失ったとき、彼女はもう十分に悲しかった。これ以上悲しいことはないだろうと思った。しかし失意のお松にやさしい手は差し伸べられず、代わりに頼りにしていた知人から露骨な性欲が向け「られ」た。人でなしを鬼と呼ぶなら、稲毛甚斉も鬼だった。パートナーを亡くしたばかりの女性に対して、弱みにつけこんでワンチャンしようとしたのだ。お松の悲しみは膨れ上がって怒りに変わった。

（いやいや。いやいやいや。今、私、めちゃくちゃ悲しんでるやん。夫死んでるやん、見たらわかるやん。人生最大の悲劇やん。それなのにお前は何をおっ立ててるの？　バカなの？　そんな空気、一ミリでもあったか？　ナメてんのか？　ねえ、私、今、ほんとうに、心の底から悲しいんだけど！？！？！？！？）

この時お松はおそらく生涯初めて、その怒りと悲しみを能動的に表現した。ずっと「奪われる」側にいた彼女は、稲毛甚斉を殺し、初めて「奪う」側に回った。それはお松という一人の穏やかな人間が死んだ瞬間であり、同時に「鬼神」となったお松の第二の人生の幕開けでもあった。

奪う側に回ったお松は、自分のされたことを全く関係のない他人にもしてしまった。早川文左衛門と稲毛甚斉はともかくとして、ただ通りかかったというだけの理由で彼女に殺された旅人たちは、おそらく最悪の気分だっただろう。私だって自分が旅人なら勘弁してほしい。それは絶対につぐなうことができない大きな罪だ。もしも鬼にならなければ、お松はそんな恐ろしい罪のない、普通の人間として老いることができただろう——稲毛甚斉に抵抗せず、仇討ちをせず、悲しみに対して悪あがきせず、怒りに任せて破壊的解決策を提示しなければ。だけど泣き叫びたい気持ちを抑え、怒りと悲しみの角が生えかけて膨れ上がる皮膚を押し隠し、あわよくば一発やろうと近づいてくる人物を受け入れ、夫の仇《かたき》が充実した生活を送るのを黙認し、か弱く不幸な女でい続けることが、どうしても彼女にはできなかった。不幸な出来事によって人間であることを捨て、道連れに大勢を不幸にしてしまった最悪な鬼は、しかし溢れんばかりのエネルギーとエモーションを熱き血潮に乗せて体中に駆けめぐらせていた。

激しいお松の姿は、たくさんの人々にインスピレーションを与えてきた。歌川国貞《うたがわくにさだ》（三代目歌川豊国《とよくに》）はお松の浮世絵を制作した。『見立三幅対《みたてさんぷくつい》』と名づけられた作品は三つで一セット。石川《いしかわ》五右衛門《ごえもん》、児来也《じらいや》と並べられたお松は腕に子どもを抱き、大胆不敵にも寂しそうにも見える笑みを湛えている。

月岡芳年《つきおかよしとし》が描いた『新撰《しんせん》東《あずま》錦絵《にしきえ》 鬼神《きじん》於松《おまつ》四郎三朗《しろさぶろう》を害《がい》す図《ず》』では、お松は川の真ん中で騙した男の背におぶさり、今にも襲いかかろうとしている。しかし殺気とはうらはらに、彼女の顔はあっさりしていて鬼とは程遠い。彼女の何でもなさそうな表情からは、朝起きて冷たい床にスリッパを探すような、ラーメンを食べる前にすっと髪を結ぶような、生活の煩わしさの中にかえって暮らしのよろこびを見い出すような慎ましさを感じる。

歌川国芳《くによし》の描くお松はいかにも女盗賊然《ぜん》としている。荒っぽくて、粋で、神をも恐れぬ大胆不敵。乱暴な魅力で多少の意見の食い違いをなぎ倒す豪快さがある。

彼らは思い思いにお松の人生を想像し、それぞれに解釈した。どの作品が彼女の選んだ「鬼神」としての第二の人生に近いのかは誰にもわからない。いわば彼らはお松が演じる舞台を観ているオーディエンスのようなものであり、けっしてお松本人ではない。

お松の第二の人生が舞台の第二幕だったとすると、丈五郎と暮らした平和な毎日はさしずめ第一幕ということになるが、オーディエンスは普通の幸福な人間だったお松にはあまり興味がない。「美女が悪事を働いているなんて萌《も》える」とか「女盗賊ってカッコよくて美味しいな」と思うとき、誰もお松の怒りと悲しみに寄り添わない。

第一幕が終わったあと、幕間を待たずに自分も舞台を降りてしまうという選択肢がお松にはあったかもしれない。愛する共演者、親しんだ台本、着慣れた衣装と添いとげるという選択肢が。だけど彼女は第一幕の尊厳を守るために第二幕にも出演することに決め、たくさんの観客の前に躍《おど》り出た。

観客はきっと、そんなことお構いなしに観劇の感想を言うだろう。とてつもなく長い悪口をブログに描いたり、勝手に感動して創作意欲をかきたてられたり、ＳＮＳに「昔の方が美人だったのに劣化した」と投稿したりして彼女を消費するだろう。

だけど私は観客席の隅《すみ》からこう叫びたい。どんなに苛烈で支離滅裂な展開でも、それはあなたの人生なのだ。以前と今とで信じられないほど変わってしまったとしても、誰に何を言われても、第一幕と第二幕はつながっている。第一幕のクライマックスが悲しすぎてお話の続きが頭に入ってこなくても、逆に昔のことなんて忘れてしまうほど第二幕が面白おかしくても、どちらかが無駄なんてことはなく、等しく地続きの物語だ。第一幕のあらゆる悲しみ、怒り、ありとあらゆるよろこび、いみじさ、それら全てが第二幕のあなたを構成しているのだ。

＊

まもなく、第二幕が始まります。お手洗いやカフェに立たれているお客様、戻られてもそのままぷらぷらしていただいても結構です。ただし開演のブザーはけたたましく鳴り響き、会場内の照明は演出のためいったん消灯いたします。上映中は携帯電話の電源をお切りください。少しでもうるさくするようならこちらにも考えがあるぞ。ご気分の悪くなられたお客様は、各自でどうにかしてください。きっと私、せりふに夢中で気がつかないと思うから。

CASE STUDY 8

喧嘩とヤバい女の子——イザナミノミコト（古事記／日本書紀）

世界を創造した女の子がいたとしたら、きっと彼女はこの世で一番強い力を持った女の子なのだろう。それほどの力があれば悩みなど一つもないのだろう。何もかもうまくいって、全能感を感じながら、思いのままに暮らしていることだろう。

日本というものが生まれた時のこと。世界はまだもにゃもにゃとや不安定で、ものの形もはっきりとはわからなかった。空と地面ができ、神という存在が出現しはじめる頃になると性別の概念が生まれ、女性の神イザナミ、男性の神イザナギが現れた。神々はイザナミとイザナギにこのもにゃもにゃとした世界を整えるよう言いつける。そこで二人は結婚して性交し、国を産むことにした。結婚のために準備した寝殿の太い柱の周りをお互い反対方向に歩き出し、ぐるりと回って出会ったところで告白からのセックスをしよう。そう取り決めた通りに儀式を行い、イザナミが言う。

「めちゃくちゃ良い男！」

次いでイザナギも言う。

「サイコーの女!」

イザナギは(女から話し始めるのはどうかな……)と思ったが、とにかく二人はお互いを褒《ほ》めあい、セックスをした。しかし生まれた子どもはなんだか想像していたのと違っていた。どうにも上手くいかないので高天原《たかまがはら》で占ってもらうと「女から声をかけたのがよくない」とのことである。二人は寝殿に戻り、イザナギから声をかける順番で儀式をやり直して、たくさんの子どもを生んだ。これが日本列島になった。土地ができたので次は神の創出に取りかかり、この工程で風の神や山の神などが生まれた。しかし火の神を生んだ時にイザナミは火傷を負い、そのまま亡くなってしまった。イザナギは嘆き悲しんだ。イザナミを忘れることができずに黄泉《よみ》の国へ追いかけて行き、こう叫ぶ。

「愛しいイザナミ、まだ国も完成していないのに! どうか帰ってきてくれ」

するとイザナミが黄泉の御殿からゆっくりと顔を出し、つらそうに答えた。

「ああ、遅かった。私はもう黄泉のかまどで煮炊きしたものを食べてしまったから戻れない。でも愛するイザナギ、あなたがせっかく来てくれたのだから黄泉の国の神と相談してこようと思う。その間、私の姿を絶対に見ないでね」

そうしてイザナミは御殿の奥へ姿を消したが、待てど暮らせど戻ってこない。待ちきれなくなり御殿の中を覗くと、そこには腐って蛆《うじ》の湧いたイザナミの死体が横たわっていた。ヒュッとのどが鳴り、怖気が背筋をかけ上がる。臭い。死臭が立ち込めている。これがあのイザナミだって？　腐り落ちた体のあちこちで雷神が生まれて蠢《うごめ》いている。イザナギは恐ろしさのあまり走り出していた。その足音を聞きながらイザナミがゆっくりと起き上がる。

「あんなに言っておいたのに、見たな。よくも私に恥をかかせやがったな」

彼女の怒りは凄まじかった。黄泉醜女《よもつしこめ》という鬼女や雷神たちがイザナギを捕まえるべく追いかけてくる。追いつかれたら、多分、殺されるだろう。さっきまであんなに想っていた妻が、今はもうモンスターにしか見えなかった。イザナギは櫛《くし》を投げたり、剣を振り回したりして必死で逃げる。ほうほうの体《てい》で現世と黄泉との境の黄泉比良坂《よもつひらさか》までたどり着き、そこに生《な》っている桃を投げつけて何とか追っ手を撃退した。安心する間もなく、今度はイザナミ自ら追いかけてきたので大きな岩で現世への出入り口を塞《ふさ》ぐ。イザナミは岩の向こうで恨めしそうに呻《うめ》く。

「愛しい夫よ、この腹いせにあなたの国の人を毎日千人ずつ殺してやるからな」

「……愛しい妻よ、それなら私は一日に千五百人の人を誕生させよう」

そうしてイザナギは一人で現世へ帰っていった。


えっ、もしかしてこの夫婦げんかのために人間の寿命が存在してる、みたいな話⁉　イザナミに殺される千人の人、迷惑すぎない？　というかイザナギ、お前というやつは……！　そもそも冒頭の「女から声をかけるのはダメ」とかいうやつ、何なの？

中学の授業で初めてこの物語を知ったとき、あまりの突っ込みどころの多さにその後の話が全く頭に入って来なかった。とりわけ疑問が残るのはイザナギの態度だ。見るなと言ったものを暴かれて、さらに存在してはいけないものであるかのように振る舞われるのは腹が立つだろう。あれほど見るなと言ったのに。あんなに愛していたのに。もっと早く来てくれればよかったのに。大体、ちょっと腐ったからって何だというのだ。何びびっとんねん、ナメとんか、どつきまわすぞ。イザナミの怒りはもっともだ。ムカついて、イザナギを追いかけて殺してしまっても仕方ないのかもしれない。

怒りを爆発させて何かをめちゃくちゃに壊すというのは気持ちがすっとする。破壊することで相手を征服したように感じて溜飲《りゅういん》が下がるのかもしれない。怒りにかられて、力に任せて破壊するなんてもちろんいけないことだけど、ほんとうに心からそうしたいと思ったら、誰もそれをとめられない。しかしこの行為は同時にとてもさびしい。私も子どもの頃、ムカついて学習机に穴をあけたり、たんすの中身をひっくり返したことがあるし、友達とケンカして貰《もら》った手紙をぐしゃぐしゃに捨てた後に泣きながら復元したことがある。机の穴をボンドで埋めても、便箋のしわをのばしても、もう元通りにはならなかった。だって私が壊したのだから。

イザナミにも腑に落ちない点はある。腹いせに壊すものは何でもいいはずがない。破壊されるのは何か意味のあるものでなければならない。通路を岩で塞がれているのに何らかのパワーを送り込んで現世の人間を毎日千人ずつ殺せるということは、頑張ればイザナギ本人だって殺せるような気がするが、矛先《ほこさき》はイザナギではなく人間に向かう。正直、最悪である。自分がその千人の頭数に入っているとしたら、「ぜひともイザナギさんだけでお願いします!」と言いたい。

そもそも、イザナミは現世を「あなたの国」と呼ぶが、それはイザナミとイザナギが共同作業で作ったものではないのか。二人の共同制作物である国の人々を殺すことで、彼女はイザナギとの関係そのものを徹底的に潰そうとしているように見える。これは単なる嫌がらせなのだろうか? そして彼女は最後にこうも言っている。「愛しきわが夫」。これが皮肉だとしたらずいぶん昼ドラ風の創世記だが、もしも嫌《いや》みなんかではなく言葉通りの意味だったら?

イザナミは作ることができ、壊すことができる。二人の関係はイザナミから告白して始まり、イザナミにより終結宣言が行われた。しかしそんなエネルギッシュな彼女も「黄泉の国で食事をしたらもう元の世界に帰れない」というルールには逆らえなかった。

黄泉の国のシーンで気になることといえば、御殿の中でのイザナミの行動である。イザナギが部屋に入った時、イザナミは一人きりで死体として横たわっていた。これはどう見ても黄泉の神に相談しているシチュエーションではない。そりゃあいつまでも出てこないはずだ。だって始めていない相談に許可が下りるはずがない。あるいは相談して断られたのかもしれないが、それにしても結論が出たのなら早く教えてくれてもよさそうなものである。それに、「恥をかかされた」という言い方もどうも納得いかない。長年カップルや夫婦をしていれば、多少の汚いものを見る機会もあろう。散々セックスして、「世界を作る」などという人類最初にして最大のプロジェクトでタッグを組んでいた関係で、「恥をかかされた」なんて初々《ういうい》しい距離感があるのだろうか。

これは私の想像、というか妄想だが――イザナミは、イザナギが覗くのをずっと待っていたのではないか。

最初に彼女は「私はもう帰れない」と言っていた。食べてしまったものはもう吐き出せない。変わってしまった自身は元に戻せない。どのみち彼女は帰れなかったのだ。だけどただ「帰れない ものは帰れない」と言ったのでは自分も相手も心の整理がつかない。それならいっそ決別するのにふさわしい理由があった方が、あの人も生きる気力が湧くだろう。私に殺されそうになり、私が別れを決定的にすれば、会えなくなっても悲しくないだろう。「私たちの国」の人々を殺すと言えば、それに対抗することで気もまぎれるだろう。結婚の儀式の時に女から声をかけるべきか男から声をかけるべきかなどという瑣末《さまつ》な問題を吹き飛ばして「好きなものは好き!」と軽やかにアクションした時と全く同じ瞬発力で、彼女は「愛しい夫」を、そして自分たちを救おうとしたのかもしれない。

どれほど強大な力を持っていても何も解決しないこともある。イザナミの真意は藪《やぶ》の中のまま、ストーリー上ではとにかく二人は喧嘩別れをした。イザナミが毎日千人殺すのに対し、イザナギは毎日千五百人生む。数字の上ではうまくオチたかのような読後感があるが、これはお互いに納

得して理解し合っている状態とはとうてい言えない。彼らが一ミリもわかり合わないまま物語は終わる。ほんとうは素晴らしい国を作りたかったはずなのに、これから二人は攻防し続けていかなければならない。この二人のように、なんだか納得のいかないまま、「殺し」合わなければならないことが私たちにも時々起こる。こんなにも深刻で大規模な命のやり取りでなくても、良かれと思ってやったことが別離に繋がったり、自分の力ではどうしようもない事態になってしまって泣く泣く離れてしまったり、そういうことは誰かと過ごしている限り毎日起こりうる。

＊

私たち、こんなつもりじゃなかったのに。いっそ何も感じずに離れられたらよかった。あなたが私を追いかけてこなければ、私があなたを追いかけなければ、「あ、そう？　じゃあ別れよっか」と悪意も希望もなく言えたなら、こんなにもめちゃくちゃにならずに済んだのに。だけど愛する夫よ、私たちは惹かれ合いすぎているから、もう無傷では別れの挨拶をすることができない。ごめんね、今から殴り合おう。毎日戦って、でろでろに疲弊しながら、何とか少しずつ去っていこう。

今日はこの不毛な戦いに勝った。明日は私がやられるかもしれない。でも明後日は勝利するかも。勝っても負けてももうあの頃には戻れないけど、精一杯の誠意をもってあなたの怒号に耳を傾け、私もお返しにあなたの口にジャムパンを詰め込んでやりながらこう叫ぼう。

うるせえ。どつきまわすぞ。

III 人間やめる女の子たち

CASE STUDY 9

変身とヤバい女の子——清姫《きよひめ》（安珍《あんちん》・清姫伝説）

一番欲しかったものを諦めて、それを破壊することが生きる支えになることはとても悲しい。原因を取り除いても悲しい気持ちはなくならない。だけど悲しみと同時に手に入れた焼けつくようなパワーも、爆発的なエモーションも、なくならない。

九二八年、和歌山県は熊野街道《くまのかいどう》。暑い夏の夜、旅の僧・安珍《あんちん》は困り果てていた。熊野詣《くまのもうで》の道中、土地の有力者の家で一泊させてもらったのだが、なぜかそこの家の娘にものすごく好かれてしまった。清次《きよつぐ》の娘、すなわち清姫《きよひめ》と呼ばれるその少女は安珍の部屋へ夜這《よば》いをかけ、自分と夫婦になってほしいとぐいぐい迫る。修行中なのでムリですと言えばそれまでだが、逆上して騒がれでもしたら絶対まずい。……よし、ここは軽めの嘘で逃げよう。

「自分は参拝中の身。熊野三山への参詣を終えたらきっと戻ってくるので、それまで待っていてほしい。その時に夫婦になろう」

安珍はそう言って清姫をなだめ、翌朝また旅立った。そして帰りは別のルートを通り、それきり逃げてしまった。

いつまでも帰ってこない安珍を不審に思った清姫が道行く人に尋ねると、もう去った後だという。それを聞いた瞬間、彼女は狂ったように走り出した。履物《はきもの》が脱げるのもかまわず走って走って、六〇キロ以上走り続け、安珍に追いついた。

「ねえ、ちょっと止まって！　話があるんだけど！」

「君と約束した覚えはない。人違いだ！」

安珍は驚き、思わず叫ぶ。熊野権現《くまのごんげん》に祈り、荷物も数珠《じゅず》も取り落としながら逃げた。

清姫は何が起きているのかわからなかった。え、今なんて言ったの？　もしかして、私のこと、騙した？　理解が追いつくにつれ、眉根《まゆね》が寄り、頬が震え、かわいらしかった顔だちが変わる。

日高川《ひだかがわ》へ走りついた安珍は船に乗って対岸に渡り、あろうことか船頭を買収し、追っ手が来ても渡さないよう頼んだ。船に乗せてもらえず清姫は悟る。そこまでして逃げたいと思われていることが深く彼女を傷つけた。清姫の髪は怒りのあまり逆立ち、骨格は隆起して形を変えていた。その姿はもはや人間の少女ではなく巨大でおそろしい蛇そのものだった。

変身した清姫は日高川を軽々と泳いで渡り、なお安珍を追いかける。安珍は息も絶え絶え走り、道成寺《どうじょうじ》という寺へ逃げ込んだ。事情を聞いた住職が彼を鐘《かね》の中に匿《かくま》ってくれた。しかしそれはあまり意味がなかった。清姫は寺へ飛び込むと、すぐに安珍の居場所に気づき、にょろにょろと鐘に巻きついて火を吐いた。火柱が立ち上がり、鐘ごと安珍を焼き尽くす。

火は六時間以上燃え続けた。かつて清姫だった巨大な蛇は血の涙を流しながらふらふらと去り、その後、海へ身を投げたと言い伝えられている。

きっとこの話を聞いた人が全員一度は思うことだろうが、安珍の寝室に清姫が夜這いをかけた時、正直に言うと私も「そんなん言うて、実際やってもうたんちゃうの?」と想像してしまった。事件が起きた九二八年から千年以上、清姫と安珍は「やってもうたんちゃうの?」と立ち入った詮索をされてきた。この先も「安珍、やり捨てたなら自業自得では……」「清姫はストーカーなのでは……」と囁《ささや》かれ続けるのだろう。噂話は本人たちから剝《は》がれ落ち、悲しくも楽しいデマゴーグと化した。あの夜に何があったのかは二人にしかわからない。安珍が清姫をやり捨てたのかもしれないし、清姫が抵抗する安珍に無理やりセックスさせたのかもしれないし、はたまたプラトニックに将来を誓い合ったのかもしれない。

いずれにしても安珍は、「必ず戻ってくる」と言った。そして戻ってこなかった。SNSもなく無料通話もない時代、一度離れてしまえば二度と会えない可能性の方が高い。旅立ちの朝に「戻らない」とひとこと言ってくれれば清姫は恋に終止符を打つことができたのに、彼はその宣言をしないまま答えを保留にし、時間とともに霧散して消滅するのを待とうとした。恋を終わらせるというのは放っておけば勝手に済むようなことではない。安珍が自分のところへ帰ってこないことを受け入れ、それがどういう意味を持つのかを受け入れ、関係の終了を受け入れ、時間をかけて折り合いをつける。それを安珍は清姫ひとりにぶん投げたのだ。この「適当に忘れといて！あとよろしく！」という暴投は、投手側はいとも簡単に実行できる。彼はきっとそんなに深く考えず無責任なことばを残してきた。それを呪詛《じゅそ》とも思わないさわやかな気分で。何なら旅先でのラッキーモテイベントくらいにしか考えておらず、帰る頃には忘れていた可能性もある。

追いかけてきた清姫の形相を見て初めて安珍は自分のしたことに気づいただろう。しかし、そこで立ち止まり、「マジでゴメン！　実は付き合えません！　それなのに気を持たせたりしてすみませんでした！」と謝れば万事解決……というわけにはいかない。

もう清姫は家を飛び出してきてしまった。裸足《はだし》で髪を振り乱して走っている姿を人々に見られてしまった。きっと今頃大騒ぎになっている。近所でどんな風に噂されるかなんて大体想像がつく。もう、今さら帰れない。

――何で帰りに寄るからね、なんて言ったの。あの時断ってくれたらよかったんじゃん。私、そんなにアホそうに見えた？　いったい前世で何をしたらこんなカルマを背負わされるんだろう。ああ、息が苦しい。何で走ってるんだっけ？　大体、安珍って誰だよ。普通に考えて一回しか会ってないやつなんてそんなに好きじゃねーよ。いや、やっぱり、あの人しかいない。どちらにしても絶対許さない。

取り返しのつかないことというものは、たとえひとかけらの悪意がなくても時々起こる。

清姫は伝説の通り、安珍を焼き殺し、自分も海に身を投げてしまったのだろうか。だとしたら私は、残念でならない。彼女はやっぱり安珍が一番欲しくて、手に入らないのなら生きている意味がないと思ったのかもしれない。男に捨てられ、人間の姿を失った清姫は一見とてもかわいそうに見える。しかし、そもそも蛇は女の子よりも魅力的でないものなのだろうか。蛇になるのは哀れなことなのだろうか。

激しい怒りと悲しみが清姫を蛇に変えた。彼女は浮き立つような恋を失い、愛を語り合うまなざしを失い、キスを交わすくちびるも、うぶげの生えた桃のような頬も、つやつやの髪も失った。その代わり、爆発するようなエネルギーを得た。わんわん泣いたり、怒りで我を忘れるとき、どこに仕舞われていたのかわからないほどたくさんの火薬が突然はじけ出す。悲しくなかった時には自分の体内にあったことさえ知らなかったその衝動は、彼女自身が一番欲しいものを教え、それに向かってなりふり構わず驀進《ばくしん》することを教え、つらさを体中で表現してもいいのだと教え、許せない相手を許さないままでいることを教えた。

そもそも、一番欲しいものに気づくなんてそうそうあることではない。自分に必要なものがはっきりとわかり、それをめちゃくちゃに壊して決着をつける力がこの手の中にある。過去の清姫には川を渡る力も火を噴く力もなかったのに、今はできる。彼女は確かに挫折したが、同時に予想もしていなかった成長を遂げた。

変身後の清姫が蛇の姿で気ままな旅に出ていれば、新しい力に見合った冒険に出会い、安珍・清姫伝説を記した絵巻物『道成寺縁起《どうじょうじえんぎ》』はもっと長くなっていただろう。その物語を読んでみたかった。それなのに彼女は跡形もなく消えてしまったのだ。

せっかく無敵状態になった彼女に、次のようなクライマックスが用意されていればいいのにと私は空想する。

＊

――人違いだ、と言われたとき、頭がスーっと冷たくなり、それから熱くなるのを感じた。人生の中で一番大きな怒りと悲しみだった。私の脳は超高速で回転し、皮膚は硬くなり、身体は長く伸びて躍動しはじめる。こんなに激しい感情は初めてだった。こんなに何かを欲しいと思ったのも、誰にどう思われてもいいと思えたのも、我慢しないで号泣したのも。もう昨日までの私ではない。いや、見た目もそうなんだけどそれだけじゃなくて。

安珍が道成寺の石段を転びながら駆け上がる姿が見える。あの男は手に入らなかったけど、今、私は誰よりも強い。たぶん何でもできる。私は地面を揺らしながら猛スピードで疾走し、気づけば寺の前を通り過ぎていた。祈ったり身構えたりしていた人たちが吉本新喜劇のようにズコーと拍子抜けしている様子がはるか遠く、目の端《はし》に映る。鐘の隙間から安珍がわけがわからないという顔でこちらを見ている。それ、全然隠れられてないけど大丈夫なのかよ。体が軽い。夏の水田がざっと広がりとても眩《まぶ》しい。山が青い。風が気持ちいい。もうすぐ、海が見えるよ。

渡されなかった贈り物はどこへ行くのだろう。あの日のために買ってあったプレゼントを実はまだ持っている。たぶん一生持っているだろう。私はそれが少しうれしい。

CASE STUDY 10

贈り物とヤバい女の子——かぐや姫(竹取物語)

今は昔、竹をとって生活している翁《おきな》がいた。翁は妻と二人暮らしだ。ある日、いつもの竹やぶで赤ん坊を見つけた。夫婦は神様の授けものだと喜び、大切に育てることにした。赤ん坊は日に日に愛らしく、大きくなっていく。幸福な日々だった。

やがて赤ん坊は少女へ、少女は大人へと成長し、なよ竹のかぐや姫と呼ばれるようになった。その美しさは近所で評判になり、噂を聞きつけた大勢の男たちが入れ代わり立ち代わり翁の屋敷を訪れた。

やがて女好きで知られる五人の貴族が結婚を申し込んだ。世間の人々は誰が姫君のハートを射止めるのか興味津々だったが、かぐや姫自身は全員遠ざけたい気持ちで一杯だった。そこで彼女は求婚者たちに贈り物を求めることにした。どれもこの世では到底手に入らないしろものだ。求婚者たちはしぶしぶ要求を受け入れた。

石作皇子《いしつくりのみこ》に言い渡された課題は「仏の御石《みいし》の鉢」を持ってくることだった。そんなもの探せっこないとわかっていたので、彼は山寺で手に入れた普通の鉢を持ってきた。しかしすぐに嘘が発覚し追い払われてしまった。

車持皇子《くらもちのみこ》が引き当てたのは「蓬莱《ほうらい》の玉の枝《え》」だった。根が銀、茎《くき》が金、実《み》が真珠の木の枝だという。彼は職人に金を払ってこれを作らせた。美しい出来栄えだったが、にせものでは話にならなかった。

右大臣・阿倍御主人《あべのみうし》は、「火鼠《ひねずみ》の裘《かわぎぬ》」。火にくべても燃えない皮衣《かわころも》とのことである。彼は商人からそれっぽい雰囲気の皮を購入し持参した。もちろん秒でバレた。

大納言・大伴御行《おおとものみゆき》はまじめに「龍《たつ》の首の珠《たま》」を探しに出かけ、財産、社会的地位、家族を丸ごと失った。彼はそれきり姿を消し、二度と戻ってこなかった。

「燕《つばめ》の子安貝《こやすがい》」を求められた中納言・石上麿足《いそのかみのまろたり》は、死んでしまった。秘宝を自力で見つけ、手ずから取ろうとし、転落して大怪我を負った。かぐや姫が見舞いの手紙を送ると彼はしみじみと喜んで、最後の力を振り絞って返事を書き、息絶えた。

騒ぎは帝《みかど》の耳にまで届いた。権力の頂点に座る男はこの悪女《ファムファタル》に興味を持ち、宮仕えをさせたがった。翁は喜んだが、かぐや姫は嫌がり「無理に仕えさせるなら死ぬ」と言い張る。しかし帝も譲らない。結局、姫と帝はお互いに妥協点を探し、歌を送りあう関係に落ち着いた。

それから三年が経った。このところ、姫は月を見てはため息をつき、涙をこぼしてばかりいる。翁が問いただすと「実は私は月で生まれたんです。十五日の満月の夜、実家から迎えが来るでしょう。そうしたら月の世界に連れ戻されてしまうのです」という。それを聞いた帝は慌てて兵を派遣し、警備の体勢を整える。両親もいたるところに見張りの者を立たせ、自らも娘をしっかりと抱きかかえて忌まわしい来訪者に備えた。しかし十五日の夜、それらはすべて無駄になった。月からの使者はいとも簡単にバリケードを突破し、かぐや姫を連れ出してしまった。彼女は最後に両親に手紙を、帝に歌と不老不死の薬を渡すと、月へと帰っていった。残された者たちはやり場のない悲しみの中、手紙と薬を焼いた。その煙は彼女がいるであろう空へと立ち昇った。

一九五三年にアメリカで公開された映画『紳士は金髪がお好き』で、マリリン・モンロー扮《ふん》する美女ローレライは男性に金目のものを貢がせまくる。彼女はフューシャ・ピンクのドレスに身を包み「ダイヤモンドは女性の親友」と歌い踊る。ローレライはただ貢がせているだけではない。年齢、容姿、恋の高揚感を提供し、料金としてダイヤモンドを手に入れる「ビジネス」をしている。この商売は参入障壁が高く、プロダクトライフサイクルが短く、リスクを分散しにくいと彼女は考えている。だから販売機会の損失を避け、来《きた》るべき経済的・精神的恐慌のために総資産を増やしておこうというわけだ。ローレライは歌う。「ダイヤモンドは女性の親友。女が老いると男性は離れていくが、ダイヤモンドは色褪《いろあ》せない。熱いキッスではアパートの家賃は払えない」。

マドンナの楽曲「マテリアル・ガール」のミュージック・ヴィデオは、ローレライが歌った「Diamonds Are A Girl's Best Friend」のパロディだ。幼さの残るマドンナが、マリリン・モンローと同じ色のドレスを着て、整列した男たちに宝石を差し出される。時代が進んで一九八四年、自らを「物欲の女の子」と称し「私たちはたくさん消費した方がハッピーな世界で生きてるんだもの」と歌い踊りながらも実際は物質主義に懐疑的なマドンナは、三十年前のローレライよりもいくらか楽天的で、センチメンタルで、たくましい。

ローレライがお金持ちの男性と結婚するラストに対し、マドンナは貧乏だけど真実の愛を捧げてくれ（そうに見え）る男性とキスをする。マリリン・モンローはどこまでもシビアーで、マドンナは破天荒かつフラッパー、そして二人とも金髪である。

では、黒髪はどうか。この内省的で美しい、月から来た黒髪の乙女は、何のために貢ぎ物を要求したのだろう。かぐや姫には家賃を払う必要も、老いる心配もないというのに。

ものを贈ることには目的がある。感情の善悪にかかわらず、何らかの達成したいことに対して等価だと思うものを支払う。喜ぶ顔が見たい。おめでたい気持ちを伝えたい。感謝の意を示したい。長生きしてほしい。いやがらせしたい。恩を売りたい。下心を果たしたい。贈ることそのものを楽しみたい。結婚したい。贈ったものをそばに置いてほしい。私たちは目的のサイズに合わせたプレゼントを差し出している。

普通は差し出す側がイニシアチブを取るが、竹取物語では主導権はかぐや姫にある。プレゼントのラインアップを彼女が決めているからだ。あるいは、かぐや姫は自分という商品を手に入れるための通貨を鋳造《ちゅうぞう》したのかもしれない。

求婚者は通貨を指定された時点で思考停止し、貢ぎ物とかぐや姫を交換できると思い込んだ。だが、そんな保証はどこにもない。竹取物語には結婚のためのプレゼントは登場するが、結婚そのものは一度も執り行われない。貢ぎ物は宝箱を空けてくれる鍵にはならなかった。求婚されれば見知らぬ人物に無条件に自分を提供する、そう決められていた女性の幸福のガイドラインを、無茶な貢ぎ物を要求することによって彼女は書き換えようとしたのかもしれない。

死んでしまった石上麿足が姫から手紙をもらったのは、そこにクリエイティブな要素があったからではないかと私は想像する。彼は死んでしまうという行動によって、「言われた通りの貢ぎ物を持ってくる」というルールから逸脱した。かぐや姫との結婚と引き換えられる通貨を「燕の子安貝」から「中納言・石上麿足の生命」にズラした。それはかぐや姫が力技でやってのけたパラダイム・シフトと少し似ている。

贈る人と受け取る人。贈り物をするには必ず二人以上の人間が必要だ。二人が同一人物であっても「贈る自分」と「受け取る自分」が要る。誰かに贈り物をするときには、大抵の場合、相手の持っていないものを選ぶだろう。JITTERIN'JINN《ジッタリン・ジン》の楽曲「プレゼント」には、合計二十四もの有形無形のギフトが登場する。キリンのピアスや、丸いサングラス、緑色の傘、写真集、お菓子の靴、淡い夢のような恋。この二十四の贈り物たちは、贈られた人物の人生にその時初めて加えられ、関係が途絶えた後も思い出として深く残っていく。一方、竹取物語には贈り物は六つ登場する。仏の御石の鉢、蓬莱の玉の枝、火鼠の裘、龍の首の珠、燕の子安貝（石上麿足の生命）、不老不死の薬。そしてそれらは、ひとつも、誰にも、受け取られなかった。

贈り物を受け取らない時、そこには気持ちの激しい衝突が起きる。「あなたにこれを贈りたい、そして生活の一部に刻んでほしい」という気持ちと、「どうしても受け取れない」という気持ちがぶつかり合う。自我と自我の戦いであり、とてつもなくエネルギーのいるコミュニケーションである。渡したかった。渡せなかった。渡さなかった。受け取りたかった。受け取れなかった。受け取らなかった――。それらは必ずしもハッピーなことではないけれど、でも、もうどうしようもない。心の底から、そうしたかったのだから。きっともう一度最初から人生をやり直せるとしても同じだ。あなたからもう一度同じプレゼントを貰《もら》っても私は再び突っぱねてしまうし、あなたが受け取ってくれないことをあらかじめ知っていても全く同じものを贈って玉砕する。

＊

英語では「才能」を「ギフト」と言う。才能とは生まれつきの能力だ。あなたが生まれていること、もう既にここにあること、私があなたをもう知っていること。宛名にあなたの名前を書けること。私はそれがとてもうれしい。綴《つづ》りも漢字も間違いなくそらで書けるなら、リボンを結んだ箱を郵便局へ持っていくかどうかはきっと些細な問題なのだ。

イエーイ！　ハッピー・バースデー、お誕生日プレゼントを贈ります。少なくとも今日じゃなかったことは確かだけど、たった今祝いたいって思ったので。昨日も今日も等しく生きているのだから、いつ祝ったって、一年に何度も祝ったっていいでしょう。ちょっと興奮してしまって三つ用意しちゃったからとりあえず全部送るね。気に入ったらもらってちょうだい。お返し？　別にいらないけど……うーん、でも、そうだな、あなたの心臓の音を録音したＣＤをくれたら、私それで踊ってみせるよ。

ウエディングドレス、まだ迷ってるんだけどどう思う？　右半分が黒いワンピースで左半分が赤いタキシードのドレスと、上半身が馬で下半身が人間のドレス、どっちがいいかな。

CASE STUDY 11

結婚とヤバい女の子――オシラサマ（馬娘《うまむすめ》婚姻譚）

馬と結婚した人間の女の子がいる。記録がないので名前はわからないが、美しい少女だったという。父親と二人暮らしで、一頭の馬を飼っていた。

娘は馬と密かに思いを寄せ合い、父親に内緒で夫婦の関係になっていた。ふたりはこの関係を隠していたが、ある夜、馬小屋でベッド・インしているのを目撃されてしまう。父親は怒り狂い、娘には何も言わずに馬を桑の木に吊るして殺した。

愛しいひとが死体となって晒《さら》されていることに気づいた娘の悲しみは凄まじいものだった。二度と野を駆けない足や、まだ艶やかさの残る毛並みを撫《な》でてわんわん泣く。泣き続けるものだから、父親の怒りは収まらない。娘を無理やり引き剝《は》がし力任せに馬の首をはねる。娘は狂ったように首に取り縋《すが》った。

ふいに、切り落とされたはずの首が娘を乗せて宙に浮かび上がった。ふたりはそのままぐ

んぐん高度を上げ、空に吸い込まれて、姿を消した。
少女と馬はこの世を捨てて神となった。彼女たちは今、オシラサマと呼ばれている。

結婚の概念は近年ますます多義的になりつつある。従来の婚姻制度に疑問を投げかけ、あらゆる立場の人に等しく恩恵がもたらされるように変えていこうという動きは数年前、数十年前と比べてどんどん盛んになっている。「三十歳で未婚の女は負け犬」というような論調が一通り出尽くし、それに対するカウンターもさらに出尽くした今、女と結婚の取り合わせの不自由さについて語るのはもはやナンセンスなのかもしれない。だけど体感的には、やっぱり全然片付いていない問題だ。

愛する相手と結ばれることはハッピーであるはずなのに、父親はなぜ娘と馬の結婚を許さなかったのだろう。確かに人間と馬のカップルの場合、合意の上であっても生物学的観点からセックスについては慎重に検討した方が良さそうだ。体に悪影響があるかもしれないし、受精した場合に問題が起きるかもしれない。だけど十分な判断力を持った大人同士の、双方向のコミュニケーションから生まれた「恋愛」そのものが、殺されなければならないほどの罪に値《あたい》するのだろうか。自分と結婚したせいで好きな人が首をはねられてしまったら正気でいられないと思うが、彼女たちはそれほどまでにいけないことをしたのだろうか。

山形県にはムカサリ絵馬という婚姻がある。「パートナーを持ってあの世でも幸福に暮らしてほしい」という思いから、家族は亡くなった人と架空の配偶者の結婚を描いた絵馬をお寺に奉納する。絵馬には通常、人間の異性を描く。こうした習俗はアジア圏に多く見られ、冥婚《めいこん》と呼ばれる。また、タイの現代アーティスト、アラヤー・ラートチャムルーンスックの映像作品『タイ・メドレー1、2、3』は、身寄りのない女性の遺体が収容された安置所で、タイの古典文学『イナオ』を朗読するという内容だ。『イナオ』は、一人の王子と二人の姫の恋を描いた詩である。

このように、「亡くなった大切な人の幸福を補完したい」というやるせない気持ちや純粋な愛情は、異性同士の恋愛のようなマジョリティ的幸福を再現する形で慰《なぐさ》められることがある。本人が生きていれば時間をかけて細かい調整がなされていったかもしれないが、それができなかったので暫定的に「きっと幸福だろう」と想像できるモデルケースを用いる。「皆が納得するポジティブな結婚」「皆が救われる結婚」という共通のイメージがそこにはある。私はこの風習について良いとか悪いとか言うつもりは全くない。そこにはいみじい愛情と、それぞれの人生だけがある。

この物語の父親にとって、娘と馬の結婚は想定していた「わが子の幸福な結婚」とは大きくズレていたのだろう。だから彼は許すことができなかった。許すか許さないかは父親の自由だ。同じように、誰と人生をともにするかを決めるのも娘の自由だ。父と娘、それぞれを主人公とした二つの人生の中で、二つの自由がぶつかり合い、父は馬の首を切り落とした。そして娘は姿を消した。二人を善悪のものさしでジャッジすることは誰にもできない。私はもし自分が結婚したら、

「良かったね」「良い暮らしになるといいね」と言われたいなと思う。それだけを言ってもらえたら私はうれしい。そして、その言葉を他人や肉親に強制することはできない。私の人生のなかで私が自由にできるのは、自らの精神だけなのだ。

　そういえば、亡くなった私の祖母は帰省するたび「あんた、そんなんじゃ誰にも結婚してもらえへんで」「結婚できへんで」と口すっぱく言っていた。私はそのたびに「結婚できない」って不思議な言い方だな……と考えていた。「できない」というと、成し遂げなければならない目標なのに力不足により未達《みたつ》であるかのようだ。結婚はそれ単体で目標・目的となりうるのだろうか。

　もしも結婚そのものが目標であれば、おとぎ話の「王子様とお姫様は結婚し、いつまでも幸せに暮らしましたとさ」の「いつまでも」以降の文が必要なくなり、「王子様とお姫様は結婚しました。完」となってしまう。私たちが知りたいのは、二人が婚姻関係にあるかどうかではなく、二人が幸福かどうかだ。そして幸福かどうかはディティールにかかっている。「王子様とお姫様はずっと一緒にいたいと思いました。しかし結婚すると王位継承とか城の相続とかがややこしいので籍は入れず、生涯二人きりでいつまでも幸せに暮らしましたとさ」でもいいし、「王子様とお姫様は熱い友情で結ばれていました。財政難に見舞われた王子様の国を救うため、二人は相談して結婚を決め、インフルエンサーカップルとしてインターネットビジネスを成功させて国を再建し、末永く幸せに暮らしましたとさ」でもいい。もちろん「王子様とお姫様は結婚し、その後ずっと

幸せに暮らしました」でもいい。「結婚し、その後離婚しました。今二人はそれぞれ幸せに暮らしています」でもいい。

とにかく結婚は手段であり、様々な目標・目的のための一つの行動にすぎないのではないか。例えば、愛のため。お金のため。親のため。親から離れるため。子どものため。老後のため。美しいドレスのため。心の平穏のため。今までと違う暮らしのため。今までと変わらない暮らしのため。楽しい暮らしのため。友情のため。恋のため。意思表示のため。ちょっとどんなものかと思って試してみるため。仮説検証のため。好奇心のため。法的なつながりを強くするため。相続のため。敵を打ち負かすため。家を買うため。犬を飼うため。自由のため。出世のため。芸術のため。実家を守るため。力を得るため。契約のため。朝ごはんを半分こして色々な食事をするため。無関心でいるため。勉強のため。

これらは全て想像であり、他にもきっと無数の目的があるのだろう。どんな手段を使ってでもそれらが全て叶えられると良いと思う。王子様もお姫様も、娘も馬も、欲しいものを手に入れて好きなように生きてほしい。朝起きて、食事をして、夜になって眠って、その合間にいくつかのやりたいことをして、それを繰り返して死ぬまでの期間、ひとりでいても、誰といても、あなたが楽しいと私はうれしい。その素晴らしい野望のために何かをするときや、あるいは何一つしないとき、どうか誰もあなたを邪魔しないでいてほしい。祖母にはいつも「私は、まあ、おおむね幸せだよ」と答えていた。祖母はそれを聞くたび顔をしかめた。

馬娘《うまむすめ》婚姻譚では、父親は死なない。これは凄いことだ。民話の中でこの世のものではない存在に対して攻撃を仕掛けた者は最後に死亡するケースが多い。馬にとって父親は自分を殺した敵なのだから復讐されてもおかしくないのに、彼はエンディングまで元気に生きている。それどころか、夢に現れた娘の助言によって桑の木で養蚕《ようさん》を始め、豊かになる後日譚さえある。オシラサマは農業や養蚕の神として、今でも信仰されている。たぶん、娘は父親のことが好きだったのだろう。恋人を殺されても親子の縁を切ることができなかったくらいには。

彼女は自分の恋人を誰にも委《ゆだ》ねず、あらゆる手続きを踏まず、完璧なフォローを残して去った。好きな人と結ばれて、ぱっと消えて、周囲のケアも万全なんて、そんな羨ましいことがあるだろうか。きっと今、「誰からも無条件に祝福してもらえるとは言いがたい」状況にある人にとって、これ以上理想的なハッピーエンドはないのではないかとさえ思う。

この離れ技を思ううち、パリ・オートクチュール・コレクション二〇一五年春夏シーズンのジャンポール・ゴルチエのショーを思い出した。「61 Façons de Se Dire Oui(「はい」と言わせる六十一の方法)」と題されたこのコレクションは全てウェディングドレスで構成されている。構成されているのだが、何か妙だ。ドレスの半分がスモーキングになっていたり、毒々しい爬虫《はちゅう》類みたいだったり、蜂《はち》の妖精みたいだったり、花束そのものみたいだったり、上半身がハンサムで下半身が可憐だったりする。それはまるで人間以外の生き物が見よう見まねで結婚式のコスチュームプレイをして遊んでいるような、ドレス・コードをぎりぎり残しながらめちゃくちゃに破壊しているような、そんな軽やかさがあるのだ。

私たちは実際には、オシラサマとなったふたりのように心残りなく空に消えることはできない。だけどこの妙な婚礼衣装のように全ての息苦しさを飛び越えて、ただ胸を打つ愛だけを薬指に嵌《は》めることができればいいなと思います。

＊

結婚の予定なんかなくても、きれいな着物を着てカメラの前ですましてポーズをとったりしようよ。もう式も披露宴も済ませていたって、何度もパーティをしようよ。気に入りのドレスを着て一人旅に出よう。ふざけてお祝儀百万円包んだりしよう。二で割り切れちゃう金額だけど、ちょっと景気いいでしょう。

CASE STUDY 12

命とヤバい女の子——八百比丘尼《やおびくに》

もしも不老不死の女の子がいたら、「命短し恋せよ乙女」というフレーズが少しも当てはまらない。彼女は気づかないうちに手にした強大なパワーのために親しい人たちと別れなければならなかった。そして別れながらも歩き続けなければならなかった。

若狭《わかさ》の漁村に一人の美しい少女が暮らしていた。父親は漁師だった。このあたりでは珍しくない仕事だ。少女は普通の家に生まれ、普通の名前を持ち、大切に育てられた。ある夜、庄屋の家で庚申《こうしん》の集まりが開かれ、少女の父親も出かけていった。そこで妙なものが振る舞われた。浜に打ち上げられた人魚の干し肉だ。

この肉を食べた者は不老不死になるという。村人たちは興味深そうに得体の知れない肉を眺めていたが、誰一人手をつける者はいない。あまった肉は土産として持ち帰ることになった。突然押しつけられた気味の悪い包みをどうしていいかわからず、戸棚の奥へ隠したまま父親はやがて忘れてしまった。

次にその戸棚を開けたのは少女だった。厳重に包まれた、見たことのない質感の、嗅《か》いだ

ことのない香りの肉。不思議な空腹感に襲われ、一切れをつまみ、口へ運ぶ。それは少女が今までに食べたどんなものよりも美味だった。続けて、もう一口。さらにもう一口。気づけば肉は全て少女の腹に収められていた。

しばらくの間は何も起きなかった。少女は相変わらず美しく、村は平和そのものだった。しかし異変は少しずつ顕現《けんげん》していく。最初の違和感は数年で現れた。幼なじみの女の子たちが大人の女性になっても少女の風貌は全く変わらない。肌は光り輝き、髪はつやつやと垂れている。幼なじみたちはいつまでも若々しい少女を羨《うらや》ましがり、少女自身も悪い気はしなかった。それから十年ほどの時が流れる。この頃から少女は村中で不気味がられるようになっていった。いつまで経ってもティーンエイジャーのまま年を取らない。かつての友達は中年になり、なかには「あのお姉ちゃんに関わってはダメ」と子どもに言い聞かせる者もいた。少女も結婚したが夫は早世した。再婚の話が持ち上がり、次の夫と結ばれる。また先立たれる。三番目の夫、四番目の夫。五番目。六番目。やさしい両親。みんな少女を残して死んでしまった。いまわの際《きわ》に、父親は「お前は人魚の肉を食べたに違いない、これからずっと一人ぼっちで暮らさねばならないのだ」と言って泣いた。

幼い頃から同じ時間を生きてきた人間はもう誰一人この世にいない。生まれ育った村を去り、少女は一人で旅に出た。永遠の眠りにつくことだけを求め放浪する少女は、旅先で自分とは反対に永遠の命を求めて苦しむ人々と出会い、尼僧となって彼らを救いたいと思いはじめた。いつしか彼女は無限の時間を生きる比丘尼《びくに》、八百比丘尼《やおびくに》と呼ばれるようになった。

黄泉《よみ》のかまどで煮炊きした料理を食べることを黄泉戸喫《よもつへぐい》という。古事記のイザナミは、死後、黄泉の国で食事をしてしまったために夫イザナギのいる世界へ帰ることができなくなった。ギリシャ神話のペルセポネは、ハデスに冥界のザクロを飲み込まされたために、一年のうち四か月間は冥界に留まらなければならなくなった。人魚の肉は黄泉のかまどで干し肉にされたわけではないだろうが、異世界の食べ物を摂取することは、しばしば日常から非日常へぽんと飛び移り、閉じ込められてしまうきっかけとなる。

異世界の食べ物によって不老不死になる、というとファンタジーみたいだが、自分と異なるものを取り入れて糧《かて》とすること、想像もしなかったものを受け入れて変化することはけっこう頻繁に起こっている。直接口に入れなくても私たちは毎日自分と異なるものを受け入れて少しずつアップデートされている。アップデートされたものはもう元に戻せない。知らなかったことを知ってしまってから記憶をリセットすることができないように。

日々起こり続けているアップデートには、自ら決意して能動的に変わるケースと、知らず知らずのうちに変わってしまうケースの二種類ある。八百比丘尼は自ら望んで不老不死になったのではない。知らない間に自分ではコントロールできないほど強大な力を手に入れてしまうというのは、幸福なことだろうか。それとも不幸なことだろうか。

命はできるだけ長く続いた方が好ましいし、それを若々しく健康な状態で続けられることはなお素晴らしい。私たちは親しい人たちの無病息災&不老長寿を願い、高齢の人を「お若いですね」と褒め、「いつまでもお元気で」と挨拶する。できればみんな健《すこ》やかに長生きしてほしい。村の幼なじみたちだって初めのうちは少女を羨ましがっていた。そのまなざしが警戒と恐怖と嫌悪に変わったのはなぜだろう。「ここまでは羨ましいけどここからはムリ」の線引きはどこで行われるのだろう。

もしも、不老不死になったのが魚や人魚だったら、村人は何とも思わなかったのではないか。彼らは魚を同胞だとは思っていない。人魚は魚よりも人に近いはずだが、魚以上に異質なものと捉えられ、受け入れられなかった。あまりにも自分たちとかけ離れているものは仲間として認識できないし、最初から仲間でないものは疎外しようがない。しかし、「一見、自分たちの仲間に見えるのに実は全く理解できないほどのポテンシャルを秘めている者」に遭遇した時、人はその相手が自分たちと同じ生き物なのかそうでないのか混乱し、なぜ同じ生き物でないのか葛藤し、追放してしまうのかもしれない。突出した才能や秘めたるパワーが氷山の一角しか見えていなかった時には「羨ましいな～」と言っていた人たちが、だんだんその力の全貌が見えてきて自らの理解の限界に気づき、嫌悪感を露《あらわ》にする。仲間として想定される範囲内のイレギュラーは適度な刺激として歓迎するが、それは自分たちを脅かさない程度、自分たちを不快にさせない程度のイレギュラーに限る。

八百比丘尼の幼なじみが日記を書いていたとしたら、次のような内容かもしれない。

〇月〇日：きょうもとなりの家のあの子といっしょに海であそんだ。「おとなになったらなにになりたい？」という話をしたけど、この村ではだいたいみんな同じものになる。わたしもあの子も、たぶん漁師のお嫁さんになるんだとおもう。

×月×日：初めて化粧をした。あの子はまだしたことがないという。明日教えてあげようと思う。いつまでも童顔なのを気にしているからきっと喜ぶだろう。

◇月◇日：近頃少しおかしい。私もあの子も三十歳なのに、あの子だけが十二歳くらいに見える。若いとかそんなレベルではないってみんな思っている。ずっと一緒に育ってきたのに、友達なのに、少し怖い。

◎月◎日：近所の人たちがあの子はバケモノだって言ってる。私も、そう、思う。息子にあの子には近づくなと言ってしまった。私たち、あんなに一緒だったのに今は違う生き物みたい。同じ人生を歩むと思っていたのに。

☆月☆日：村の子どもがあの子に石を投げつけ、ちょっとした騒ぎになった。流れた血が緑色だったという噂が流れた。誰もあの子のことを理解できない。だけど理解できていた頃からあの子は全く変わらない。私たちが変わってしまったのかもしれない。

△月△日：孫の結婚式。月日が流れるのは早く、感慨深い。親族の集まりであの子の話になった。近頃はもう皆不気味がって見向きもしないのだという。私は最近、体が思うように動かない。今でもあの子の目は瑞々《みずみず》しく、頬は上気して、足のばねは強く跳ねるのだろう。

□月□日：今日お医者さんが来てくれた。死ぬかもしれないという時になってあの子に会いたい。だけど私たちが彼女を拒絶してしまったのだから、彼女も私を友達だとは思っていないだろう。これが最後の日記になると思う。こんなことあの子に言えるわけないけど、私がいなくなっても私のことを覚えていてほしい。

私は死がとても怖い。せっかく考えたこと、見てきたこと、話したこと、感じたことをもう知覚できなくなってしまうのだ。せっかく死ぬような思いで手に入れたものが死んだらなくなってしまう。特別な人とだけ通じあう合言葉も、鉄板のギャグも、共通の体験によってのみ笑えるあるあるも、どちらかがいなくなれば瓦解してしまう。安らぎあえる関係を構築して、失って、また構築して、失う。人生の中で何回か経験するだけでもつらくてたまらない喪失を無限に繰り返すことは想像を絶する。

だけど死ほど巨大な関門を通り抜けなくても、永遠の別れに出くわすことはありますね。生きていてももう二度と入ることのできない部屋がある。二度と聞けない心臓の音が。触ることのできない髪が、皮膚が。そう考えると私たちは全員、日常の中で永訣に直面し続ける、二十一世紀

の八百比丘尼と言えるかもしれない。変わってしまったこと、変わらなかったこと、あるいは変わらないという状態に変わったことによって、誰かと永遠に別れてしまう。それでも当分生きていかなければならない。あの思い出を反芻《はんすう》しているのが世界で私一人だけでも、心臓は脈打ち、足のばねは強く跳ねてしまうのだ。

「命短し恋せよ乙女」。これは一九一五年に作られた楽曲『ゴンドラの唄』の歌い出しである。「花のいのちはみじかくて、苦しきことのみ多かりき」は、一九五一年に亡くなった林芙美子の詩だ。この二つを組み合わせたのが、一九九三年に公開された『劇場版美少女戦士セーラームーンR』の決め台詞「花の命は短いけれど、命短し恋せよ乙女」。時代が進むにつれ生活の苦しさも時代の苛烈さも和《やわ》らいでいく。現代の現実社会を生きる私たちには、戦闘美少女としてエマージェンシーに立ち向かう機会はもちろんない。平和な日常のなかで少女、花、恋愛……というイメージだけが一人歩きしている。花を観賞する感覚で「女盛り」とやらの短さが叫ばれ、若いうちに恋をしなくては！　恋をするなら若いうちでなくては！　という謎の強迫観念がそこここに見つかる。

しかし、花の命はほんとうに短いのか。そしてその「短き」命のあるうちにしなければならない恋とは、同性・異性間における青春的恋愛のみを指すのだろうか。二〇一六年に発売された日本生命の保険商品「ニッセイ 出産サポート給付金付3大疾病保障保険 ChouChou!《シュシュ》」のテレビC

Mには「花の命は結構長い」という歌詞が登場する。「ときめく心は生きてる証《あかし》／希望と夢と現実と／花の命はけっこう長い」。私たちは咲いてから一週間やそこらで萎《しお》れたりしないし、欲しいものだってあと一億個くらいあるし、あと何十年か自分の仕事をしたりごはんを食べたりする。女性の平均寿命である八十六年は、一般的に長い年月だ。恋とは、その果てしなく長い時間を生きる気力のことではないのか。そうでなければ、誰がバレンタイン・デーに自分のためにチョコレートを買うものか。

日本全国を歩き回った八百比丘尼のそれは紛《まぎ》れもなく恋だ。誰と連れ添っても自らのパワーのために別れの朝を迎えてしまうなら、自分に恋をするほかない。私は彼女にセルフィ棒をプレゼントしたい。セルフィ棒さえあれば、シャッターを誰かに頼まなくてもすてきなポートレートを撮ることができる。

＊

別離をたくさん経験しても、あらゆる人と永訣しても、楽しい景色を見て写真を撮りまくり、気ままな風来坊でいてほしい。どうせ歩き続けるのならその道行きが楽しいものであるといい。海も、山も、見たことのない街も、図書館も、プールも、狭いアパートの借り住まいだって、いつもあなたを待っているのだから。そしてそれは、永遠の命を以《も》ってしてもきっと楽しみ尽くせないものだから。

IV 殺す女の子たち

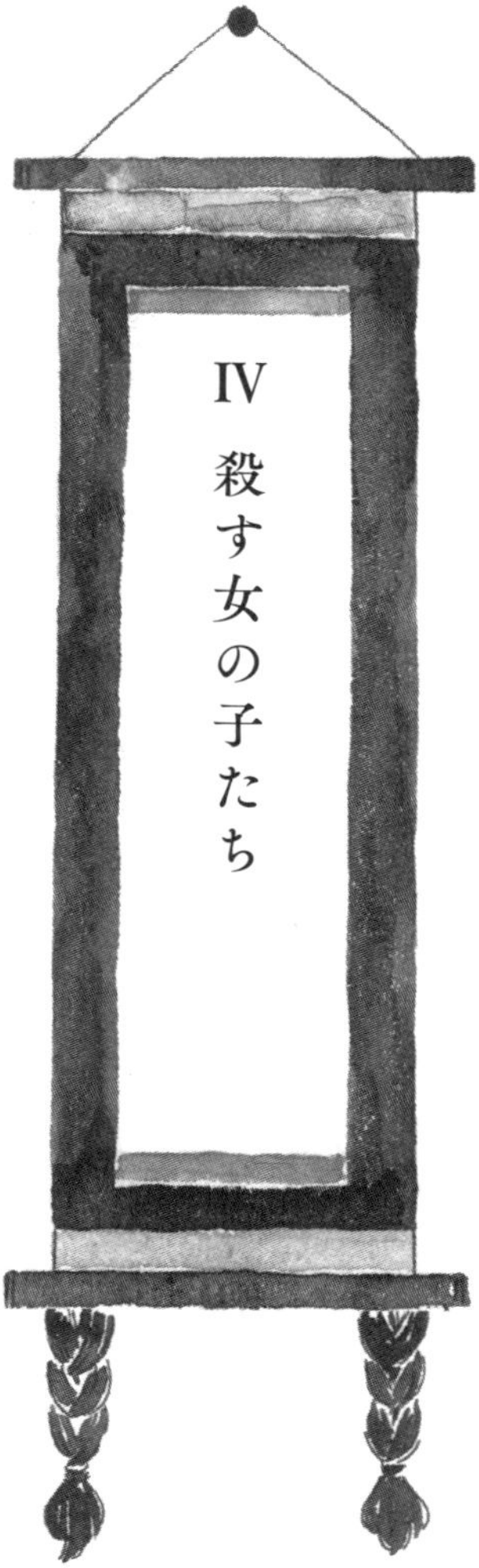

CASE STUDY 13

靴とヤバい女の子――お露（怪談 牡丹《ぼたん》灯籠《どうろう》）

ああ、今夜も、彼女が来る。下駄《げた》は駒下駄《こまげた》、鼻緒《はなお》は闇夜《やみよ》、歩く姿は花牡丹《はなぼたん》、私はあなたを愛している。

萩原新三郎《はぎわらしんざぶろう》とお露《つゆ》は恋人どうし。普通のカップルと違うところがあるとすれば、二人のデートが必ず夜であることだ。お露が女中のお米《よね》に付き添われて夜ごと新三郎の屋敷を訪れ、二人で一晩中愛を囁《ささや》き合う日々だった。しかし、すばらしい恋物語は突然中断される。ある時、下男の伴蔵《ともぞう》が新三郎の部屋を覗くと、そこには恐ろしい光景が広がっていた。新三郎と抱き合っていたのは人間の女の子ではなく、青白い骸骨《がいこつ》であった。お露は実は幽霊だったのだ。

そもそもの始まりはこれよりしばらく前、新三郎が知人の医者に連れられて旗本・飯島平左衛門《いいじまへいざえもん》の別荘へ遊びに行った時のこと。別荘には平左衛門の娘、お露が暮らしていた。二人は黙ったまま見つめ合い、すぐに恋に落ちた。別れ際、お露は新三郎に囁いた。

「またいらしてくださらないと、私はきっと死んでしまうでしょう」

しかし平左衛門の怒りを恐れた知人は新三郎を二度と別荘に連れていってくれなかった。

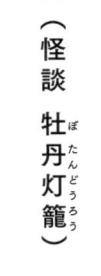

月日が流れ、お露が恋するあまり焦がれて死に、後を追うようにお米も死んだらしいという噂が広まった。新三郎は悲しみに任せて祈り暮らしていたが、ある夜、牡丹の飾りのついた灯籠《とうろう》を提《さ》げたお米に付き添われ、ふらふらと歩いているお露を見かける。あの噂は自分たちを引き離すための狂言だったのだと喜び、晴れて冒頭のようなラブラブカップルになったというわけだ。しかし噂は狂言などではなく、真実だった。

――次の夜。お露が新三郎の家へ向かう。彼女はお米の後ろを一歩一歩、うっとりと進んでいく。しかし彼女がいつものように扉に手をかけると、それは少しも開かなかった。扉だけでなく家中の壁にお札がびっしりと貼られ、触ることができない。新三郎は海音如来《かいおんにょらい》のお守りを握り締め、一心不乱にお経を唱えていた。彼ははっきりとお露を拒んでいた。

「ああ、萩原さま。ぜんたい、こんなひどいことってある?」

お露は毎晩訪ねてきた。からん、ころん。暗闇の中、駒下駄の音が響き渡る。笑い声のようなその音を聞くたびに新三郎の顔は恐怖に引きつった。いや、俺にはこのお札とお守りがある。大丈夫、きっと大丈夫だ。そう思った瞬間、頬に何かが触れた。お露の指だった。

「萩原さま、会いたかった」

ぺたぺたと顔を撫でられる。白い指の隙間から壁を見ると、お札はいつのまにか剝《は》がされていた。お露とお米は下男の伴蔵に百両の賄賂を渡し、部屋へ入る手引きをしてもらっていたのだ。おまけに彼が胸に提げているお守りの中身もすり替えられていたのだが、もう新三郎には何もわからなかった。家の者が駆けつけた時には既に遅く、そこには力なく倒れている新三郎の亡骸《なきがら》と、それにまとわりつくように散らばる小柄な骨だけが残されていた。

日本の幽霊には足がない。江戸時代に円山応挙《まるやまおうきょ》が広めたとされる、足から下の描かれない幽霊たち。彼女ら彼らはどこか頼りなく、儚《はかな》く透《す》けて、何かを待っているように見える。一方、中国の怪奇小説のエッセンスを取り入れて三遊亭圓朝《さんゆうていえんちょう》が作った落語『怪談 牡丹灯籠』には、足のある幽霊、お露が登場する。

お露は、下駄をからんころんと鳴らしながら好きな男の家に歩いて通う。幽霊なのだからスッと消えて好きなところにサッと現れても良さそうなものだが、彼女はわざわざ音を立て、お米に灯籠を提げさせ、物理的に徒歩で移動している。「移動する」という行為には強い意思を感じる。A地点からB地点へ移動するのは、B地点に渇望するものがあるからだ。「欲しい」気持ちがなければ誰も移動なんて面倒なことはしないだろう。移動は恋であり、野心である。自らの意思で目的地へ移動する彼女は、とても恐ろしく、フィジカルで、ラディカルで、パワーフルだ。

とはいえ、彼女は最初から強かったわけではない。新三郎に「来てくれなければ死んでしまいます」と言った時、彼女は愛しい人をただ待つことしかできなかった。待って、待って、それでも会うことが叶わずにとうとう死んでしまった。そして、生命と引き換えに大いなるパワーと自由を手に入れた。幽霊ならば誰に咎《とが》められることもなく、何にも縛られず、好きな人に会える。

もう誰にも邪魔させない。新三郎だってきっと喜んでくれるだろう。彼女は今度こそ、晴れがましい恋愛を謳歌《おうか》できるはずだった。

しかし新三郎ははっきりとお露を拒んだのだ。それまでは――お露が幽霊だとわかるまでは、愛は確かにそこにあったのに。この男の子は劇中、なんだかずっとぼんやりしている。知人の医者が飯島の屋敷に連れて行ってくれなければ「会いたいのに会えないなあ」とただ焦がれている。一人で屋敷に乗り込めとまでは言わないが、せめて近くまで行ってみるとか、人に伝言を頼むとか、何かしら打つ手はあったはずなのに、特に何もしない。お露と再会できた時にはもちろん喜ぶが、彼女の正体がわかり、自分の身に危険が迫っていることを知ると途端に閉め出す。「君が人間じゃなくてもいい！　何なら自分が人間をやめてもいい！　好きだから一緒にいたいんだ！」とは、彼は言わない。あんなに心を確かめ合ったのに、この愛は私の死ひとつで崩れ去るほど脆弱だったってわけ？　お露は死を信じなかった。自身のではなく、愛の死を。私はあなたに会いたいし、手を握りたいし、接吻したい。だから私はあなたに会うし、手を握り、接吻する。彼女は欲しいものを手に入れるため、歩き出した。――からん、ころん。

それにしても、死してなお会いたいほど好きな相手に再会を喜んでもらえないというのは少しさびしい。牡丹灯籠について考える時、私は前述した足がない幽霊画のパイオニア、円山応挙の登場する『応挙の幽霊』という落語のこともセットで思い出す。

――とある骨董屋が安く仕入れた掛け軸を円山応挙の作品だと偽り、金持ちの旦那に高値で売る約束を取りつけた。納品前夜、彼は気分を良くして、掛け軸を前に祝杯をあげ、お礼とばかりにお経を読む。すると絵の中から幽霊が飛び出してきてお酌をしはじめた。この幽霊画は本物の応挙の作品であり、魂が宿《やど》っていたのだ。女の幽霊は今までは不気味がられるばかりだったのにお経を読んでくれて嬉しいと上機嫌で、二人は夜更けまで酒盛りを楽しむ。翌朝、すっかり酔っぱらった幽霊は絵のなかに戻っていったが、二日酔いなのかぐでんぐでんに眠りこけている姿になってしまった。早く納品してくれと旦那に急かされ、骨董屋は困り果てるのだった。

応挙の代表作『幽霊図』は副題を『お雪の幻』という。病気がちで早くに亡くなった応挙の妻がモデルだと言われている。もしも掛け軸の幽霊がお雪だったら、応挙の前で飛び出してくれたらよかったのにと私は思う。

幽霊でもいい。何だっていい。もう一度あなたに会いたい。あの人が会いに来てくれたらそれだけで、自分はどうなってもいい。そう考えるだけで涙が出るような人が、新三郎にはいなかったのだろうか。それが今回たまたまお露ではなかっただけのことだろうか。そのミスマッチがどれだけよくあることだとしても、心は慰められない。そんな寂しさをかき消すように、お露の下駄は軽やかに鳴り響く。

ところで、恋愛の真っ只中でも「クリーンである」ということは必要だろうか。幽霊になったお露は伴蔵に賄賂《わいろ》を渡して家の中に入り込んだが、これは公平に判断すると汚くモラルのないやり口だ。一方的に猛スピードで向かってこられることは新三郎にとって恐ろしく迷惑だったことだろう。お露は彼に対して一切の思いやりを持っていない。幸福になってほしいとか、長生きしてほしいとか、そういう気持ちは存在しない。こういった姿勢は、一般的にはクリーンな愛ではないとされるのだろう。だけど、そもそも愛などというプリミティブでアホみたいなものに、クリーンな正しさなどというものがあろうか。

実は『怪談 牡丹灯籠』はお露と新三郎の話だけでは終わらない。この物語には他にもたくさんの人々が登場し、二人を尻目に壮絶な人間模様が展開されまくる。クライマックス、お露から賄賂を受け取ってお札を剝がしたはずの伴蔵が「実は新三郎を殺したのは幽霊なんかではなく自分です。自分が心霊現象に見せかけて殺しました。すべてでっちあげです」と告白するシーンまである。とはいえ、お露が伴蔵の想像上のキャラクターか実在する女の子なのかは、お露がクリーンかどうかと同じくらい瑣末《さまつ》な問題だ。たとえ全てなかったことにされたとしても彼女のことを私たちはもう既に知っているのだから。

もしも舞台が現代なら、お露は当時ほどしがらみに囚われず、生きたまま歩いて新三郎のもとへ行き、誰ひとり死なずにすんだかもしれない。だけど、一見バッドエンドに見える結末にも意味はある。彼女は強大な力を手に入れ、好いた男が思ったより薄情だったことを知り、それでも愛しているという自分の気持ちに気づいた。そして求めるものを全て手に入れた。

私たちは欲しいものを手に入れるために生きていて、毎日は私の欲しいものとあの子の欲しいものとの闘いだ。だけどいざ新三郎を憑《と》り殺して手に入れたとき、「やっぱりそんなに好きじゃなかった！」と思ったのなら、また歩いて新しい恋人を探しに行ってもいいのだ。下駄の音はお露の魂の振動だ。幽霊なのだから、たとえ足があったとしても裸足だって別に構わないのに、彼女はからころ鳴らしてやって来る。着飾って武装して、野心のために移動する。「靴を履く」という行為はシュプレヒコールだ。

＊

私たちは割とどこにでも行ける。スニーカーがファッションとして市民権を得て、就職活動にヒール靴必須というルールがナンセンスだとみんなが理解しはじめている時代。死んでしまうという最終手段に出ずとも、お露のように好きな靴を履いて好きな場所へ行ける。かっこいい靴があればどこへだって行ける。満員電車で踏まれても、トゥが剝《は》げてしまっても、ぴかぴかと輝くかっこいい靴があれば。靴ずれしたら、絆創膏《ばんそうこう》を貼ってあげる。

CASE STUDY 14

別れとヤバい女の子——乙姫（浦島太郎伝説）

お元気ですか。毎年、五月に入るともう泳ぎに行きたくて居ても立ってもいられないのです。四六時中、海のことを考えてしまう日々です。魅力的で恐ろしく、優しい海のことを。

昔むかし、浦島太郎という漁師がいた。太郎はある日、浜で子どもにいじめられている亀を助けてやる。亀はぜひお礼をしたいと言って太郎を背中に乗せ、海の底の竜宮城へと連れていった。

竜宮城は今までに見たどんな場所よりも美しかった。乙姫という女性が太郎をもてなし、なにかと世話を焼いてくれる。いつしか二人は懇意になっていた。きれいな着物、うまい酒と豪華な食事、となりには素敵な恋人。夢のように幸福な日々だった。

ふと気づくと三年が経っていた。太郎は故郷に残してきた家族が心配になり、一度里帰りしたいと乙姫に告げる。乙姫は悲しみ、去り行く恋人に手土産をひとつ渡した。

「この玉手箱を持っていって。でも決して蓋《ふた》を開けて中身を見ないでね」

太郎はもと来た海を亀に連れられ、懐かしい浜辺に降り立った。

……確かに懐かしい。懐かしいのだが、どこかおかしい。記憶にないものがある。そして記憶にあるものがない。見覚えのない松林や船着場を通って家へ向かう。だが、そこには何もなかった。家の影さえなかった。ただまっさらに均《なら》された地面が広がっていた。通りかかった村人を捕まえ、太郎はここにあった家を知らないかと尋ねた。村人は露骨に怪訝《けげん》そうな顔をして言う。

「何十年もここに住んでいるけど、そんなものは見たことがないよ。」

彼が故郷を発《た》ってから、実に三百年が経過していた。もうここにはだれもいない。親兄弟も、親戚も、幼なじみも、みんな死んでいた。唯一手元に残ったのは乙姫に手渡された玉手箱だけである。身も心も寄《よ》る辺《べ》のなくなった太郎は乙姫の言いつけを破り、そっと箱を開けた。白い煙が立ち昇る。視界が霞《かす》む。風がもやを吹き散らすと、そこには一人の老人が立っていた。三百年分の時間が一瞬のうちに太郎の体に刻まれていった。太郎は年老いた姿のまま、ふらふらとどこかへ歩いていった。

浦島太郎は日本で最も有名な男のひとりだ。彼の物語は日本書紀に始まり、万葉集、御伽草子《おとぎぞうし》とリメイクにリメイクを重ねられ、時代によって様々なヴァージョンがある。特にプロローグとエピローグの変化が顕著だ。なかには「太郎が亀と出会って興奮し、即セックスする」というプロローグや、玉手箱を開けた太郎が「鶴になる」とか「その場で死ぬ」というエピローグなど、聞きなれないケースもあるが、やはり「亀を助ける→老人になる」という筋書きがほとんどのヴァージョンに共通する。子どもの頃、絵本を読み聞かせてもらった時には、この物語は遊び過ぎたり、約束を破ることへの戒《いまし》めだと教わった。しかし「老人になる」という結末は本当に太郎への罰として用意されたものなのだろうか。私たちは年を取っていくが、それは罰になるような、ネガティブなことなのだろうか。

三年なんてあっという間だ。例えば私は新卒で入社したブラック企業でちょっといじめられながらも、なぜか「三年は同じ会社で働かないと」と思い込んで毎日出社していた。ぴったり三年後に退職したがその間の記憶が全くなく、いつのまにか二十六歳になっていた。太郎のように享楽的な時間の使い方でなくても、ぼんやりしているうちに周りがどんどんイケてる感じになっちゃったと感じたり、自分だけが変わることができずに時間ばかり経ったように感じたりすることはある。三年をどのように過ごしたかちっとも思い出せないし、買っておいた果物を冷蔵庫で腐らせてしまったみたい。まるで三年しか経っていないのに三百年経ったような気分と言ってもいいかもしれない。それを踏まえて、先人たちが繰り返しリライトしてきたように『浦島太郎』を現代風に書き直すと、次のような感じになる。

――人間離れした魅力を持ったパワフルな女の子にメロメロになってしまって、彼女との奔放な生活に全てを捧げているうちに気づいたら三年が経っていた。このままではダメになってしまう気がして、自分から別れを切り出した。

恋人に夢中になって何年も仕事を放り出していた俺に同僚の目は冷たかった。友達は皆自分のやりたいことを見つけてバリバリやっている。子どもができたやつもいる。俺はというと、新卒とも第二新卒とも呼べない年齢でひとり宙に浮いているみたいだった。まるで知らない人を怪しむような同僚らの表情に囲まれて、自分が急速に老けていくのを感じる。俺は、若き日々を浪費してしまったのだろうか？

こう書くとただ青春を棒に振った男の話のようだが、私はこれはこれで成長なのではないかと思う。物語の序盤、浦島太郎には主体性がなかった。亀に誘われるままに竜宮城へ行き、乙姫に誘われるままに留《とど》まった。誰かに導かれ、保護されて、愛されることはとても快適で、やさしい。ただし、自分の置かれた環境に疑問を感じず、生涯それを楽しみ続けることができるならの話だ。

「見てはいけない」と禁じられたものを見てしまう昔話のパターンは「見るなの禁」と呼ばれる。このパターンは古今東西の物語に見られるが、その中でも『浦島太郎』は少し風変わりだと思う。というのも、鶯女房《うぐいすにょうぼう》、蛤《はまぐり》女房、鶴《つる》女房のように「見るなの禁」では大抵、「見るな」と禁じられる対象は禁止を言い渡した人物の姿や持ち物だ。なのに、乙姫が見ることを禁じた箱は浦島太郎に譲渡されている。太郎のものなのに、太郎本人には禁じられているのである。

自分の持ち物を覗きこんで中身を見るというのは自己の内面を見つめることに似ている。太郎が竜宮城に長居して、「家族が心配だ」「このままではいけない」と気づいた時、彼の目は初めて己《おのれ》の人生に向けられた。そして、「元の世界に帰りたい」「この関係を変えたい」と言い出した時には、彼は他人の魔力にただメロメロになるだけではなく、誰かを魅了するための自分の魔力を模索しはじめた。玉手箱の煙は彼にエイジングをもたらしたが、それは「乙姫が太郎の時間を不当に進めた」のではなく、「乙姫の影響で止まっていた太郎の時間が進み始めた」のではないか。

太郎は三年間思考停止していたツケを払い、自分自身と向き合いはじめた。太郎はどこへ帰っていったのだろう。A地点からB地点へ来て、元いたA地点に戻ったのではない。完全に元の場所に戻るのであれば故郷はなくなったりしないだろう。たぶん、彼はAでもBでもないC地点に至った。CはAに似ていたが、彼の目には全然違って見えた。乙姫の魅力で忘れていた彼自身の思想や時間、自我や野心を取り戻し、彼の精神は老成したのだ。

……と、ここまでは男の子の話をしてきたが、女の子の方はどこから来てどこへ行ったのだろう。

乙姫について考えると「なぜ親切にしてくれた（または恋人だった）人物をひどい目に遭わせるのか？」という疑問が湧きあがる。乙姫はほんとうに浦島太郎を騙そうとしたのだろうか。もしも玉手箱を開けることが浦島太郎の自我の芽生えであり、内面を見つめることだとすると、それを禁止する乙姫は太郎に「自分自身を見つめるな」と言っていることになる。

彼女は別れを切り出した恋人の足を引っ張ろうとしているのだろうか。元カレに成功のヒントを与えまいという気持ちがあったのだろうか。もしかして元カレがFacebookで自分より幸せそうにしているのがムカつくというやつだろうか。だけど私にはやっぱり、彼女が悪だとはとうてい思えないのだ。

浦島太郎がタイトル・ロールである以上、この物語では彼の変化に焦点が当てられる。だけど竜宮城は浦島太郎がやってくるずっと前から存在していたはずだ。乙姫が一人の男を騙して不幸にするためだけに整えられた設定だなんて、侮辱《ぶじょく》である。彼女は決して、男を破滅（または成長）させるためだけに存在するサブキャラクターではない。おそらく、彼女には竜宮城での暮らし、使命、文脈があった。喜びや悲しみを感じる心もあった。だから故郷へ帰ると言い出した男を守ってやることも、怒りに任せて抹殺することも、一緒についていくこともできなかった。彼は地上へ、彼女は海の底へ。偶然出会って一度共鳴した関係は、お互いの使命を優先することで途絶えることになった。こちらも現代風に書き直してみると、次のようになるかもしれない。

――とても控えめで物静かな人だった。私はやりたいことがたくさんあって、それに彼が賛成してくれるのが嬉しかった。彼とは長く付き合ったけど、終わりは一瞬だった。

「僕にもやりたいことができたから、東京へ行こうと思うんだ」

私には、彼と一緒に東京へ行く気は全くなかった。まだここでやりたいことが山ほどあったか

ら。だけど引越しの荷造りをする彼を見ながら、この人が（もっと早く行けばよかった）と思ったら悲しいなと考えていた。

どうか、一緒に過ごした時間を浪費だったと思わないでほしい。私と一緒にいたせいであなたが後回しにしていた人生の主題を知ったときに、あんな時間を持たなければよかったと思わないで。私は最後に何を言えば彼のこれからのヒントになるかわかっていた。傲慢《ごうまん》だと思われるかもしれないけど、精神的なことについてアドバイスできるだろうと思った。だけど黙っていた。ほんとうはあなたの成功を心から祈っているけれど、これくらいの意地悪はゆるしてほしい。あなたはどのみち自分の意思で箱を開けるだろう。

＊

こうして浦島太郎と乙姫の恋は終わりを告げた。彼女は今も海の底で美しく輝いている。巨大な海が悠々と横たわり、昔一緒に過ごした人と私を隔てている。砂浜が灼熱に輝き、若い人たちの肌を焼く。歓声が上がる。カラフルな浮き輪。みんな海のことを考えている。もちろん私も、つめたいラムネの瓶を片手に、波打ち際を歩きながら考えている。

君と過ごした夏を絶対に忘れない。あれは心から素晴らしい夏だったよね。

みんな私に課せられた役割を期待している。世にも不幸な女の子、どうやらそれが私の仕事らしい。だけどそろそろ転職しちゃおうかな。その前に有休消化でバカンスに行こうかな。

CASE STUDY 15

幽霊とヤバい女の子——お菊《きく》（落語 皿屋敷）

ある夏の夜、一人の男が肝試しをしようと言い出した。

近くにかの有名な番町皿屋敷跡《ばんちょうさらやしき》がある。青山という男が美しい女中お菊《きく》に恋慕するも相手にされず、腹いせに家宝の十枚一組の皿を一枚隠し、お菊に濡れ衣を着せて指を切り落としたうえに、井戸に吊るして殺してしまった……というアレだ。青山の屋敷には古い井戸が残っていて、夜な夜なお菊の霊が現れ、恨みがましく皿を数えるらしい。九枚しかない皿を悲しそうに抱え「一枚足りない」と言ってすすり泣くという。男は仲間を連れて番町へ向かうことにした。「九枚目まで数えるのを聞いてしまった者は命を落とすって……」「六枚目くらいで逃げ出せば大丈夫だろう」と何度も確認しあう。

いざ屋敷跡に忍び込むと、あたりには重苦しい湿気が立ち込めていた。恐怖の中で目を凝らし耳を澄《す》ます。空耳だろうか？　何か聞こえる。吐息とも嗚咽《おえつ》ともつかないような、細く

しぼり出すような、——女の声。本当に、目の前に、幽霊がいる。薄青く透き通っていて、どす黒い目をしている。くちびるが戦慄《わなな》いて、そこから不穏な音が漏れ出ている。

「一枚」

くぐもって聞き取りにくいが、確かにそう言った。数えているのだ！ 皿を！

「二枚」「……三枚」

白い指が何かをなぞるように震える。

「四枚」「五枚」

声が、だんだん泣き出すみたいに歪んでいく。

「六枚」

そこではっと我に返る。六枚、六枚で逃げなければ。まだ放心状態の友人たちを殴って正気に戻し、男は一目散に逃げ出した。

屋敷を飛び出して安心すると、恐怖は達成感となり、彼らは大いに盛り上がった。マジで怖かった、ガチでホラーじゃん、とか誰々はビビりすぎて泣いてた、とかいう話で酒が進む。それにしても、あの幽霊！ 安全な場所で冷静に思い出してみると、あれは美女だった。涼しくなるどころか、頬が上気してしまう始末である。男たちは自身の武勇伝とともに、美しい幽霊のことを話して回った。

数日後、屋敷の前には人だかりができていた。みんな「美しすぎる幽霊」と評判のお菊が目当てだ。商売っ気のある者が酒や食べ物を売り始め、歌舞伎さながら屋号を叫ぶ者、アイドルのコンサートよろしく似顔絵を売る者まで現れ、毎晩お祭り騒ぎである。夜が更けると満《じ》を持してお菊が登場し、皿を数えだす。本人も大勢の人に注目されて悪い気はしないらしい。案外愛想よく対応している。愛想が良いのでさらに人気が出る。人々はわいわいと集まって丑三《うしみ》つ時を待ち、六枚目まで聞いたところで退散するという毎日が続いていた。

しかしある時、とうとう会場に人が入りすぎてスムーズに脱出できなくなってしまった。出入り口がぎゅうぎゅうに混み合い、六枚目を数え終わったにもかかわらずまだ大勢の人が庭から出られないでいる。それでもカウントは止まらない。

「七枚」

それまで楽しげだった観客は一転してパニックになり、ないがしろにされていた恐怖が呼び戻された。そうだ、忘れていたけど、彼女は怨霊だった。

「八枚」

ああ、もうだめだ、と目をきつく閉じる。

「九枚」

皆泣きながら覚悟した。一枚足りない……という言葉を聞いてここで全員死ぬのだ。

「……十枚」

と、思ったが、死ななかった。

「十一枚、十二枚、十三枚……」

どよどよとざわめきが広がる。えっ、何か多くない？　足りないどころか、ちょっと余ってない？

「……十七枚、十八枚」

最後の方はかなり事務的に済ませ、ようやくお菊は黙った。恐る恐る、常連客が尋ねる。

「お、お菊ちゃん、十八枚って何だよ」

お菊はにやりと笑った。

「私、明日休むから。二日分数えといたのサ」

毎年夏になると、「怪談」「肝試し」という言葉が街に溢れかえる。怖気の走る物語で涼しくなろうというわけである。私は大の怖がりなので怖い映画も怖いテレビ番組も観ないけれど（怪談なら「世にも奇妙な物語」、ジェットコースターならスプラッシュ・マウンテンでぎりぎりアウトというビビリです）、やっぱり夏の風物詩として認識している。夏といえばスイカ、花火、プール、そして怪談。マジレスで白けさせてしまうことは百も承知なのだが、怪談でゾゾ～ッと涼しく！　というのは少々デリカシーがないのではないか、と毎年気になってしまう。私はこれを『涼しく』ってお前！　こっちは死んでるんやぞ問題」と勝手に呼んでいる。

怪談を好んで聞くというのは、そこにエンターテインメントを見出しているということだ。「ヒエ〜怖い！」と言うとき、真剣に胸を痛め、手を合わせる人はあまりいないだろう。怒られそうなので先に言い訳するが、私は別に、ホラーを好む人が人間の心を失っている！　とか言いたいわけでは全くない。ただ、本人（本霊）が「『涼しく』ってお前！　こっちは死んでるんやぞ」とキレたりしないのかな……と子どもの頃から気になり続けている。そしてビビり続けているのだ。あまつさえこの落語版『皿屋敷』では、涼しくを通り越してちょっと面白くなってしまっているではないか。

「お菊さん」といえば、なんてったって日本三大怪談のタイトル・ロール、「お露ちゃん」（『牡丹《ぼたん》灯籠《どうろう》』）「お岩さん」（『四谷怪談』）と並んで日本で最も怖がられる女の子だ。三人のうち、元々幽霊だった「お露ちゃん」は恨みの出自よりも強大な怨霊パワーの方に焦点が当てられている。一方、「お菊さん」「お岩さん」は幽霊になった原因として具体的なエピソードがある。それらは例えば友達の身に起きたことだったら、気軽に聞きだすこともできないようなたいへんな出来事なのだ。

これらの怪談は、断りなく上演・リメイクすると祟りがあると言い伝えられているため、映画監督さんや俳優さんが縁《ゆかり》の神社へお祓《はら》いに行くのが定例になっている。しかしここでもまた気になることがある。「祟りがある」から「お祓いに行く」というのは、「お前を絶対に意思疎通できない存在、対話することなく攻撃をしかけてくる怪物、またはクリーチャーのような存在とみなしている」という意思表示になるのではないかと思ってしまうのだ。私はこれを「葬式帰りに玄関先で塩かけるのか問題」とか「お祓い逆に失礼じゃないか問題」と勝手に呼んでいる。塩をまいたりお祓いをすることをやめろ！　とか言いたいわけでは全くない（報・連・相はした方がいいと思う）。ただ、幽霊という設定になったことで、お菊は人々の認識のなかでアイコン的に、イベント的に抽出され、キャラクター化してしまった。時に敵キャラ、時にギャグキャラとして引っ張り出される彼女には、だけど生前、一人の少女として、一人の人間としての人格があったはずだ。それが永遠に忘れ去られてしまうのは悲しい。

番町皿屋敷といえば、兵庫県南西部の「播州《ばんしゅう》」皿屋敷ヴァージョンもある。番町と播州は言葉が似ていることもありしばしば混同される。（どうでもいいが、私は関西に生まれ育ったため完全に「播州」派で、初めて番町と聞いたときには「やるんか、われ」と思ったものだ）。名前のみならず、皿屋敷にはいくつもの派生がある。権力争いに巻き込まれたお菊が皿を割ったと因縁をつけられ殺された。青山がお菊を贔屓《ひいき》したことに嫉妬した彼の妻（または女中仲間）が皿を隠した。青山の愛を試すためにお菊が自ら皿を割った。などなど。いずれにしてもお菊の命は皿よりも軽んじられて失われる。薄い磁器ひとつのために、お菊の人生は大きく変わってしまった。どれだけ元の自分に戻りたいと願っても、もう二度と戻れない存在にされてしまったのだ。

毎晩、六枚目で観客が逃げ出したあと、お菊は一人で何枚まで数えたのだろう。ラストシーンで、観客は「なぜ十八枚まで数えるんだ」「なぜ九枚ではないのか」とお菊に聞いた。彼らにとって「お菊さん」はいつでも恨みがましく九枚の皿を数え続ける存在なのだ。みんな「恨みを持った被害者ならこういう振るまいをするだろう」という期待を込めてお菊を見ていた。ずっと恨み続けることのつらさや重さ、一人の人間が死んだときの心情、それから随分経ってもしかして少し元気になれること。そういうことはあまり重要視されない。彼らは直接お菊に危害を加えたわけではないし、悪人でもない。むしろ気の良い人たちだ。けれど、「お菊さん」ではないお菊の感情にはあまり目を向けない。

実は、お菊はもうとうに恨みなんて忘れて、思いのほか楽しく暮らしているかもしれない。幽霊になってみたら意外と天職かも！　などと思ったかもしれない。怖い幽霊像を期待されることがそんなに嫌いではないかもしれない。もしもう恨みを忘れることができていて、気ままに暮らせているのならそれは確かに幸福なことだと思う。

あるいは、やっぱり世を呪い続けていて、こんな風に人々を集めては騙してまとめて殺そうとしているのかもしれない。（二日分とはいえ、彼女はラストまで数えきった。十八枚目まで聞いてしまった人々は絶命の条件を満たしている）。

見物客は毎日押し寄せ、彼女の死と怨念を面白半分、ビビり半分で楽しみに来るけれど、だからといってお菊がしなければならないことは何もない。してはいけないことだって、何もない。落語版『皿屋敷』のお菊は、自分で数をコントロールできる。そしてカウントするかしないかも、ずっと悲しい幽霊でい続けるかどうかだって自分の気持ちに寄り添って決められる。派生したいくつもの『皿屋敷』のなかで、このお菊だけが新しい自分の人生を生き直している。

＊

「私、明日休むから」とお菊は言った。彼女はワークライフバランスも自分で調整できる。明日はささやかな夏休みだろうか。お盆休みだろうか。お盆には亡くなった人の魂が戻ってくるという。ずっとこの世にとどまり続けているお菊の魂はどこへ行くのだろう。

毎日、毎日、どこへ行っても嫌になるほど暑い夏。幽霊は自分で自分に怖がってゾゾ〜ッと涼しくなれない。どうせどこへ行っても暑いなら、いっそ今年はハワイに行ってみるなんてどうかな。ショッピングモールには「aloha」とか「mahalo」と書かれたお土産もののお皿がたくさん並んでいる。多めに買って帰ってまた割れたときの予備にしよう。お盆の時期の旅行はちょっと高いけど、幽霊ならタダだからね。

CASE STUDY 16

王子様とヤバい女の子——ある末娘（猿婿入り）

いつか王子様が、攫《さら》われた私を助けに来てくれる。ちょうどこんな顔をした王子様が。

老人は広大な土地を前に途方に暮れていた。畑へ牛蒡《ごぼう》を採りに来たが、腰が痛んで朝からひとつも掘れていない。そこへ一匹の猿が現れ、自分が掘ってやると言う。

「そのかわり、お前の娘を嫁に欲しい」

猿はさっさと牛蒡を掘り終え、三日後に嫁を迎えに来ると言って立ち去った。老人は後先も考えずに重大な約束をしてしまったことを後悔しながらとぼとぼと家に帰った。三人の娘に猿の嫁になってくれないかと相談するが、長女と次女にはすげなく断られてしまう。うろたえる父を見かねて、仕方なく末娘だけが首を縦に振った。

「約束を破ればきっと恐ろしい目に遭うでしょう。親孝行のためなら私が行きます。ただし嫁入り道具として、石臼《いしうす》、杵《きね》、米を用意して下さい」

三日後、約束通り猿が迎えに来た。末娘がかわいらしく挨拶すると猿は一目で娘を気に入り、彼女の嫁入り道具を背負って歩き出した。二人は山道をずんずん歩いていく。深い谷に

差しかかったとき、末娘がおもむろに桜の木を指して言った。

「ああ、きれいな花。私、あの花が欲しい」

妻の頼みならばと、猿はさっそく荷物を解《と》いて木に登ろうとする。しかし娘は地面に置いたら石臼と杵が土で汚れる、汚れたら結婚祝いの餅《もち》がつけなくなると渋る。仕方なく、猿は重い荷物を背負ったままで木登りをはじめた。

「お前が欲しいのはこの枝についている花か?」

「いいえ、もっと上の枝です」

桜の枝が大きく揺れ、みしみしと悲鳴を上げる。

「この枝か?」

「いいえ、もっと、もっと上の枝です」

「この枝か?」

と、ついに重みに耐えられなくなった細い枝が折れ、猿は石臼ごと谷底の川へ落ちてしまった。川の流れは速く、重い石臼はみるみるうちに沈んでいく。背負い紐がしっかりと結ばれていて猿は脱出できない。水しぶきで霞《かす》む視界、はるか崖の上にかわいい妻の顔が見える。猿は水を飲みながら、彼女に歌を詠んだ。それはそのまま辞世の句となった。

「流されて死んでいく私の命は惜しくないが、ひとり残される妻が泣くのはかわいそうだ」

末娘は一人で来た道を戻り、今までのように家族と幸福に暮らした。

……えっ、終わり？　……ひどくない？　何というか、あまりに猿がかわいそうではないか？　猿、そんなに悪くなくない？　むしろ割といいヤツじゃない？　あと、末娘ドライすぎない？

猿は陥《おとしい》れられたことに気づかず、黒幕を心配しながら死んでいった。紳士的な最期に、私たちは「彼の恋は少しくらい叶えられてもよかったのではないか」という憐憫《れんびん》の情を抱く。同時に末娘に対して「そこまでしなくても……」と言いたくなってしまう。殺しのシーンにだけ注目すると、猿が純真無垢な被害者で、娘は冷血な加害者であるようにさえ見える。しかし本当にそうだろうか。やさしい猿の求愛に、彼女は応えるべきだったのだろうか。

そもそも猿とは何者だったのか。猿に求愛される、こう書くとほっこりエピソードのようだが、実はとても危険なことだ。人間と人間でない者の結婚、異類婚姻《いるいこんいん》には三つのパターンがある。

①人間でない者Aが人間Bと結婚して人間になる。（例：田螺長者《たにしちょうじゃ》）
②人間Bが人間でない者Aと結婚して人間でない者になる。（例：オシラサマ）
③人間でない者Aと人間Bが結婚し、相手の正体に気づき決別する。（例：うぐいす女房）

①と②ではどちらか一方が相手の属性に合わせて変化する。人間は人間でない者に、人間でな

い者は人間に。③では破局、または破局しようとして死亡する場合もある。変化か、危険を伴う破局かの二択。少女にとってむりやり猿と結婚させられることは、自分の望まない存在や何か別の存在に作り変えられてしまうリスク、もしくは死のリスクさえ負《お》うことを意味する。

かといって、人ならざる者との約束を破るというのは恐ろしい。猿は力を持っていて、労働と引き換えに女性を要求し手に入れようとした。そして有無を言わさず少女を迎えに来た。彼の態度は優しかったが、歯向かえば命の保証はない。安全を得たければ、望まない（しかも昨日まで認識すらしていなかった）相手と同じコロニーに入らなければならない。それは自分ではなく相手にイニシアチブのあるコロニーで、自らを変化させてそこに同化することを求められている。断れば自分や大切な人を消滅させられるリスクがある。

これが彼女の置かれていた状況だと私は想像する。窮地に立たされた少女は、状況を打開するパラダイム・シフト的解決策を必要としていた。例えば突然白馬に乗って現れる王子様のように、一瞬で全てをひっくり返す必要があった。

もしも実際に「白馬の王子様」が来てくれていたらどうなっていただろう。第三者の手による救出劇であれば次のようになるかもしれない。

――あるところに、美しいお姫様がいました。彼女は悪い猿に攫われて、お城に閉じ込められていました。そこへ白馬に乗った王子様が登場し、聖なる剣で悪い猿を倒します。しかし猿は絶命する寸前、お姫様を気遣う歌を歌いました。お姫様は自分が食べられそうになっていたことも忘れて涙を零《こぼ》します。王子様はお姫様と恋に落ち、お城で末長くしあわせに暮らしました。

ここで救われるのはいわゆるディズニー的、ピーチ姫的、古典的プリンセスである。悪役の殺害は第三者によって行われるため「お姫様」の手は汚れない。お姫様は清らかなままで望まない結婚を回避し、より良い条件の相手とエンディングを迎える。それに対してこの昔話で娘がやったように自分で自分を救うということは、自分のために自分の手を汚すことだ。

『猿婿入り』には「憎むべき悪者」が存在しない。主人公以外の登場人物は全員、何だか憎みきれない雰囲気で描かれている。父はアホみたいな軽率さでとんでもない約束をしてしまうが、娘たちに結婚を強制するでもなくただうろたえるばかりで人間味にあふれている。二人の姉は清々しいまでに自己中心的だが、突然無茶振りされてムカつく気持ちもわかる。猿は最後まで少女の身を案じて読者の同情をかっさらう。ここには完全なる悪者、血の通わない、死んでも少しも心の痛まないエンターテイメント的悪者がいないのだ。

強《し》いて言うなら読者から「冷たい」と批判されてしまうのは主人公の少女かもしれない。登場人物の中に少女を呪う者は誰もいない。猿も、父も、姉も、皆彼女のことを愛していた。全員が愛を持っていて、全員が愛されるキャラクターでい続けようとする。本来悪役であるはずの猿でさえも決定的な憎まれ役を買って出ない。コミカルなムードさえ漂っている中で、たったひとつ、少女の人生だけが狂わされそうになっていた。
この不気味なシチュエーションは私たちの生活でもよく起こる。世の中に、満場一致で「完全にあいつが悪い」「死んでも悲しくない、むしろハッピー」と言いきれることがどれほどあるだろう。善悪の配役が決まっていればモヤモヤした気持ちなんて湧いてこないのに、そんなわかりやすい設定は存在しない。私たちは露骨に魔王らしい魔王やどこから見ても意地悪な老婆といったコテコテのラスボスに襲われることは少ないし、毎日通勤電車に乗っていても、白馬を走らせ城へ急ぐ英雄にはまあ出会わない。一点の曇りもない善人でもなく、死んだらせいせいするというほどの悪人でもないキャラクターたちがひしめき合い、そのドサクサに紛れて自分の大切な部分が変わっていってしまう。そして第三者による救いはほとんど期待できない。

そういえば、「白馬の王子様を待つ夢見がちな女性」という古典的なフレーズを聞くたびに、何でそこだけ急にザックリしたヨーロッパなんだ……と私はずっと疑問に思っていた。プリンスという役職が実際に存在しなかった日本では、王子様はおとぎ話をベースに貴公子や勇者と混同され、「他者を救う若く見た目の良い男性」という漠然としたヒーロー像と結びついている。さらに、男性アーティストやアスリート、二次元キャラクターを「〇〇王子」と呼ぶ昨今の風潮も相まって、もはや「イケメン」と同義になっている。日本の「王子様」の称号はいつも他者から与えられる。正真正銘の王子だと保証してくれる人々がいて初めて日常に王子像が誕生する。

しかし『猿婿入り』の少女は自分自身の手で王子様を作り出した。白馬も王子様も彼女のもとには来なかったが、彼女は自分自身の救済者として、ひとり立っていた。お姫様と王子様の二役を兼ねるなんて大忙しだけど、もしかすると他者から「お姫様」「王子様」と認められるのを待つよりも話が早いかもしれない。少女はきっとこう考えたのだ。

——この結婚は絶対に断ることのできない約束だ。選択の余地はない。結婚すれば自分は自分でなくなってしまうかもしれないけれど、大切な人々を切り捨て私には関係ないと割り切ることもできそうにない。どうせ何かに変化してしまうのなら自分のなりたいものに変化してやる。自分の人生と生き方は自分でコントロールするし、大切な人たちも守る。私は私の理念のために猿を殺し、攫《さら》われる私を救う。そして自分の手を汚す。私のはじめての夫、お前が死んだことを私はずっと覚えている。私は今日、お前を殺す。

＊

少女はひとつの生命を消すほどの覚悟で守った日常へ戻っていった。幕が降りた後の彼女の生活はもう見ることができないが、こんな風に締めくくられていたらうれしいと思う。

——昔々、あるところにお姫様がいました。彼女は白い馬に乗り、どこまでも走り去っていきました。そして末長く幸福に暮らしましたとさ。めでたし。めでたし。

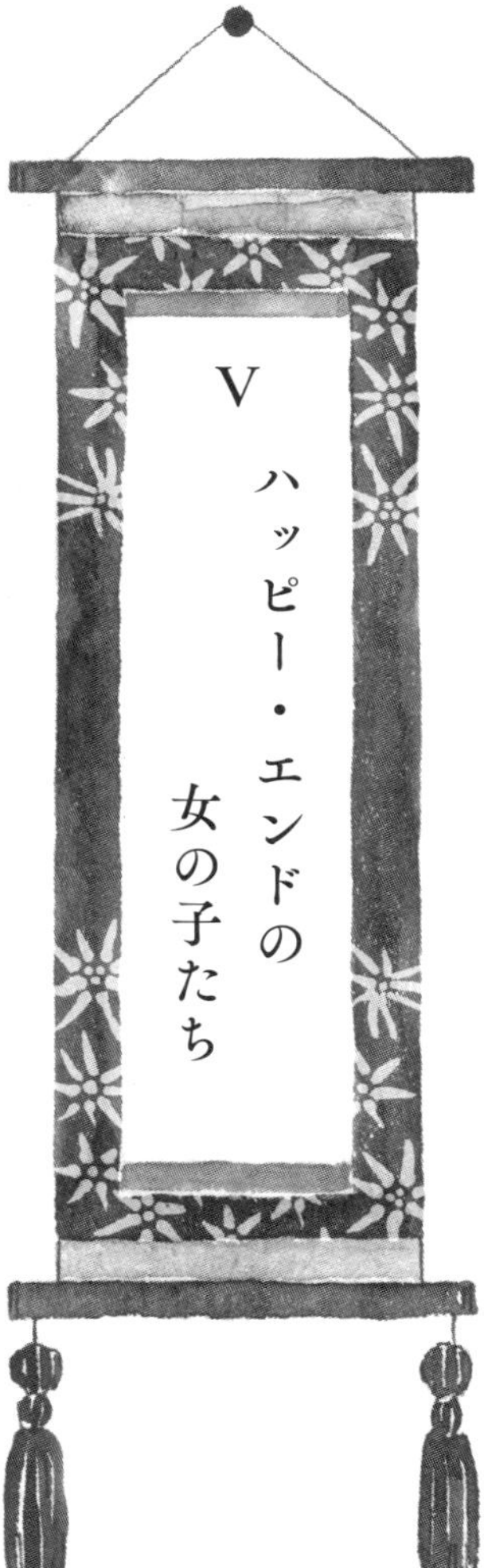

V ハッピー・エンドの女の子たち

CASE STUDY 17

顔とヤバい女の子——鉢《はち》かづき姫

「ブスのくせに」という言葉が投げかけられると、周りで見ている人たちは勝敗が決まったような顔をする。しかしそれは、とても付き合いきれない茶番劇なのだ。

河内国《かわちのくに》に一人の少女がいた。少女は裕福で優しい両親のもとに育ったが、ある日母親が病《やまい》に倒れる。病床でも娘を心配する母親は、夢のなかで観音様のお告げを聞いた。

「娘の頭に鉢《はち》を被せてやるとよい」

母親はお告げの通り少女の頭に巨大な鉢を被せ、数日後に亡くなった。しばらくしてやって来た継母は少女に冷たかった。彼女は家にいられなくなり、いっそ川に飛び込んで死のうとしたが、どうしても鉢が水に浮いて叶わない。

(どうして私、こんな目に遭うんだろう。幸せな毎日を送っていたはずなのに)

小さな顔をすっぽりと覆う厚い鉢はいつしか外すこともできなくなっていた。

通りかかった山蔭三位中将《やまかげのさんみのちゅうじょう》という公家の男が、ずぶ濡れの少女を心配して家に連れ帰り、風呂焚きの仕事をさせてくれた。名前も出自も伏せたがる不思議な少女を皆は「鉢かづき」

と呼ぶ。そんな鉢かづきの姿を中将の四番目の息子がそっと見つめていた。ミステリアスで、たまに話しかけると楽しく応えてくれて、声が素敵で、時々どこかさびしそうで、気が利いて、きびきびと働く女の子。素敵だ……！　二人が親密になるのに長い時間はかからなかった。

中将の息子が風呂焚き娘と結婚したいと言い出した時、三人の兄たちは猛反対した。

「そんなどこの馬の骨とも知れない女！」

「どうしても一緒になりたければ、その女にそれだけの価値があることを証明してみせろ」

急遽、嫁くらべと称し、兄の妻たちと鉢かづきの対決が開催されることになった。戦いたくない二人は対決をエスケープし、屋敷を出て行こうと決めた。鉢かづきが身支度を整えて部屋から一歩踏み出したとき、床にごとん、と何かが落ちる音がして突然視界が眩しく開けた。

足元に転がっていたものには見覚えがあった。長年彼女の世界を覆っていた、あの鉢である。驚くべきはそれだけではない。どこに入っていたのか、割れた鉢の中からたくさんのお金と着物が湧き水のように溢れてくるではないか。驚いて思わず手をやった娘の口元は赤く、頬はつやつやと光り、目ははっとするほど澄《す》んでいた。

豪華な着物、大量の金品、鉢かづきの美しい顔面を目の当たりにした兄たちは敗北を認め、二人は結婚できることになった。鉢かづきは余興ですがと言わんばかりに、歌にも明るく教養も豊かであるところを披露する。たった今夫になった男はそれが彼女の真価だと頷《うなず》きながら見守っていた。

（ああ、もっと美人に生まれたかった！）

「美人」と「ブス」。美醜は一般的に女性の永遠の悩みとされている。いつどこで決まったのかは知らないが、そういうことになっている。美醜とは何か。多くの場合それは顔面の造形を指す。顔はあらゆる人の視線に晒《さら》され、しばしばマウンティングに使われる。

例えば、スクール・カーストの大部分は容姿に由来する。私は中学・高校時代に神戸の女子校に通っていた。そこで初めて「美人」と「ブス」という言葉を聞いた。神戸には女子校が多く、どの学校にも強いギャルの集団がいた。ギャルは早熟で容姿を重視し、行動が素早い。彼女たちは先手必勝で美しさ、派手さを評価基準にしたピラミッドを建造する。

「見た目」という評価基準は文化や学業、運動能力といった他のスペックでは代替不可能である。少女時代において、【文化】に傾倒する女の子はコロニーの外に意識が向いている。当時、九〇年代後半からゼロ年代、折しもインターネット黎明期。サブカルという言葉はまだ本屋の一角にしかなかったにもかかわらず、サブカルガールたちは忙しく、ローカルで繰り広げられる校内政治に割くリソースはなかった。【学業】は公平に一位が発表される。この制度にはクリエイティビティを挟み込む余地がないし、教師たちに決められた指針だけに従うことは思春期の少女たちにとってあまりに面映《おもは》ゆい。【運動能力】は日常生活では活かされるシーンが限られすぎている。あくまで教室内での輝きが存在感を左右する。かくして容姿重視の採点制度が盤石であるかのような空気が出来上がる。

「容姿で勝負する」と決めたギャルたちは、文化・学業・運動能力の分野で勝負する心づもりの女の子たちも、力技で「容姿」のステージに引きずり出す。「あの子成績いいよね」「でもブスじゃん」というように。このマウントは「ブス」と揶揄された女の子本人の前で繰り広げられるのではなく、主にギャル同士の会話で用いられる。実際、ギャルたちは集団の中で争い、順位をつけていたが、ギャルでない生徒には優しかった。それは彼女たちが常に容姿でしか勝負をしないと心に決めていたからだ。自分たちが「成績のいいブス」と呼ぶ者に牙を剝けば、学業も能力値にカウントすることになってしまう。それは本意ではない。容姿で勝負をしない生徒は「容姿での勝負に参加しない」という形で容姿での勝負に参加させられ、不戦敗の特権として意外と手厚く保護された。一見紳士的な対応に思えるが、「ブスは戦力外」というジャッジは水面下で強引に行われ、反論する機会が与えられることはない。

顔を武器とする戦いは今思えば世界に無数にあるトーナメント、無数にあるバトルステージの中のひとつにすぎない。でもあの頃、私たちは思春期だった。ギャルだって幼かった。自分たちが構築したはずの価値基準、クラスを支える「顔」の指針が女性誌やテレビによって形成された不確かなものだと気付くには、皆あまりにうぶだったのだ。

顔を「見る」ということは一種の攻撃だ。電車で目の前に立っている人がチラチラとこちらを見ているシーンを想像してほしい。（えっ、なんかすごい見てる……知り合いだったっけ？　いや、全く見覚えがない。何だろう……、私、何か変かな……、笑っている気がする。となりの人に何か話しかけている。ああ、早く降りる駅に着かないかな……）。見る側は目の動き一つで簡単にこのざらっとした気持ちを与えられるのだ。では、見られる側は常に弱者として居心地の悪い思いをしなければならないのだろうか。

そもそも、ブスとはいったい何だろう。ブスという言葉は本来、トリカブトの毒（附子《ぶす》）である。附子の強い毒で麻痺した表情がブスの語源とされる。表情がわからないこと。笑わないこと。それをブスとして取り扱うとき、「女は愛嬌《あいきょう》」「女の子はニコニコしていればいい」という常套句が頭をよぎる。ブスであることは悪なのだろうか？　そして、ブスであるかどうかはそんなに大きな問題なのだろうか。

テレビのバラエティ番組で男性の大学教授が薀蓄《うんちく》を語るとき、「うわー、このおじさん、ブスだな」と野次る人はどれほどいるだろう。それに対して、女性はどんな立場で人前に登場しても、容姿について何かコメントされることが多い。プラスのコメントも、マイナスのコメントもいつも気軽に投げかけられる。「ブス」とさえ言っておけば、どんなシチュエーションでも女性を打ち負かせると思っている人もいる。言われた本人が傷ついていようと、傷ついていまいと、傷ついていることにされてしまう。ブスと言われて傷つかない女の子はいないことになっている。「女の子は皆『ブスかどうか』をバトルフィールドにする」ということが前提に据《す》えられている。そういう認識がなぜか、ほんとうになぜか、空気中の成分のようにこの世界に行き渡っていますね。

日本書紀には黄泉醜女《よもつしこめ》という鬼女が登場する。醜女はブスと同義だが、黄泉醜女の「醜」は「強い力がある」という意味で使われる。黄泉醜女と同じく鉢かづき姫にも力があった。兄の妻たちとの対決で彼女を救ったのは、顔と金だった。この展開のインパクトはとても大きいが、「顔と金」は中将の四男との恋が生まれる過程にはまだ登場していない。結婚を邪魔する兄たちを打ちのめしたキーアイテムには違いないが、二人の恋の源泉は顔と金ではなかった。顔と金でなければ、何が鉢かづき姫を強くしたのだろう。それは彼女のこれまでの経験全てだと私は思う。つらくても生きようとしたこと。慣れない仕事を頑張ったこと。自分の身に起きた出来事と折り合いをつけるため、幸福とは何かを考え続けたこと。鉢かづき姫を鉢かづき姫たらしめた時間全てが彼女の武器となった。


もしかすると鉢から出てきた顔の造形は、絶世の美女というほど特殊なものではなかったかもしれない。それが「美しく」見えただけかもしれない。「美しく見えた」のだとすれば、その理由《わけ》は鉢かづき姫が恋人と一緒に家を出ようとしたところにあるのではないか、と私は推測する。

決戦前夜、鉢かづき姫は（こんなのは屈辱だし、何の意味もない）と思った。好きな人と一緒になりたいだけなのに、わけのわからない価値観で、わけのわからない相手と戦わされるなんて

とんだ茶番だ。何の思い入れもないバトルフィールドで、何の納得感もないフレームワークに沿って、何の因縁もない相手と張り合うなんてナンセンスすぎる。いったい、誰と何をどう比べたら、私が幸福になる資格のある人間だという証明になるのだろう。こんなことはやめて逃亡してしまいたい。また仕事を探さなければいけないし、生活は苦しくなるが、せめて自分たちの魂《たましい》は守れるはずだ。

貧乏になるかも。のたれ死ぬかも。屋敷の外には色んな危険がある。その危険にさらされてでも、好きな人と一緒にいようと覚悟した。覚悟した人間の顔、それが「美しい女」としてみんなの前に現れたのではないか。鉢のなかから美しい顔と金が出てきたという展開は、顔と金という勝負に乗らないと決意した鉢かづき姫への、観音様、もしくは作者、はたまたこの物語を少しずつ改変しながら現代に伝承してきた人々からの計らいではないか。好き勝手に求められるのなら、こちらだって好き勝手してやれ。ルールに従っているふりをして、勝負ごと滅茶苦茶にしてやればいい。兄たち、兄の妻たちは他人に求めたレギュレーションによって勝手に恥ずかしい思いをし、勝手に負けを認めたのだ。

この物語は最後に勧善懲悪的な鉄槌《てっつい》があってすっきりする。しかし現実世界ではほとんどの場合、こんな派手なオチはない。「嫁くらべには断固参加せずに屋敷を出る」というところまでが現実に取ることのできる手段となる。あるいは「家の人を一人ひとり懐柔して嫁くらべ自体を中止にする」も有効かもしれない。いっそ「素顔に超芸術的なメイクをほどこして新しい論争を巻きおこし、イージーな美醜論から話を逸らしてしまう」でもいいかもしれない。

数年前、私は大阪の国立国際美術館に草間彌生《くさまやよい》展を見にいった。しかし美術館に足を踏みいれたとたん、絵画鑑賞どころではなくなった。会場には顔を水玉にペイントしたり、水玉模様の派手な飾りをつけた女の子たちがひしめき合っていたからだ。彼女たちは「草間彌生の展覧会で水玉の絵の前に立つ私」を用意してきていた。その中にはいわゆる「かわいい」子もいればいわゆる「ブス」な子もいたのだろう。でももはや何が何だかわからなかった。彼女たちはロケーション、草間彌生さんの作品、身体と装いを味方につけ、空間をまるごと自分の舞台にしていた。撮影OKの部屋では大勢の人がセルフィを撮っていた。これが良い鑑賞態度かはこの際どうでもいい。ただ、（ああ、めちゃくちゃ楽しんでいる）と思った。会場はパワフルで極彩色だった。

物語の作者のように一瞬で世界を逆転させる魔法を持たない私たちは、登場人物でい続けたまで状況を変えなければならない。別に、登場したくない舞台なら、登場しなくたっていいではないか。鉢かづき姫が嫁くらべに乗らなかったように、勝手に好きな役で登場し直したっていいではないか。水玉模様の女の子たちのように、時代は今、舞台は日本、という設定は変えられなくても、私たちの気持ちひとつでシナリオは、台詞は、結末は変えられるのではないか。好き勝手な格好をして美術館を練り歩き、私の目をちかちかさせた女の子たちのことを思い出すとそんな気持ちが湧き起こってくる。

ところで、二人があのまま屋敷を出て貧しい暮らしを余儀なくされていたら、変わらず仲良しでいられただろうか。鉢が割れて出てきた顔の造形が「ブス」だったら、恋人はやっぱり気が変わって去ってしまっただろうか。今まで感じた魅力や敬意は容姿によって霞《かす》んでいってしまうのだろうか。もしもの話は誰にもわからないが、それならそれでいいのだ。そのための鉢なのだ。自分の価値基準を見えやすくするための鉢。自分の魅力に価値を感じ、魅力とそれ以外の気に入らない部分とを天秤にかけたとき、となりにとどまる方を選ぶ人間を見つけるための鉢なのだ。結果的に恋人が去ったとしても、彼女に合った人がじきに見つかるだろう。今ならそれがわかる。私はもう、高校生ではない。Facebookを開けばギャルも大人になっている。自分の勝負したいフィールドで戦うことができる。使う気のない武器を指定されて不戦敗することはない。

＊

どの武器で戦うかその心に決めたとき鉢は割れる。それが開戦の合図だ。隠し持った獲物で思いきり殴れ。顔でも、金でも、文化でも、学業でも、運動能力でも、覚悟でも、その他の何で殴ってもいい。その手に持っているものなら、何だっていいから。

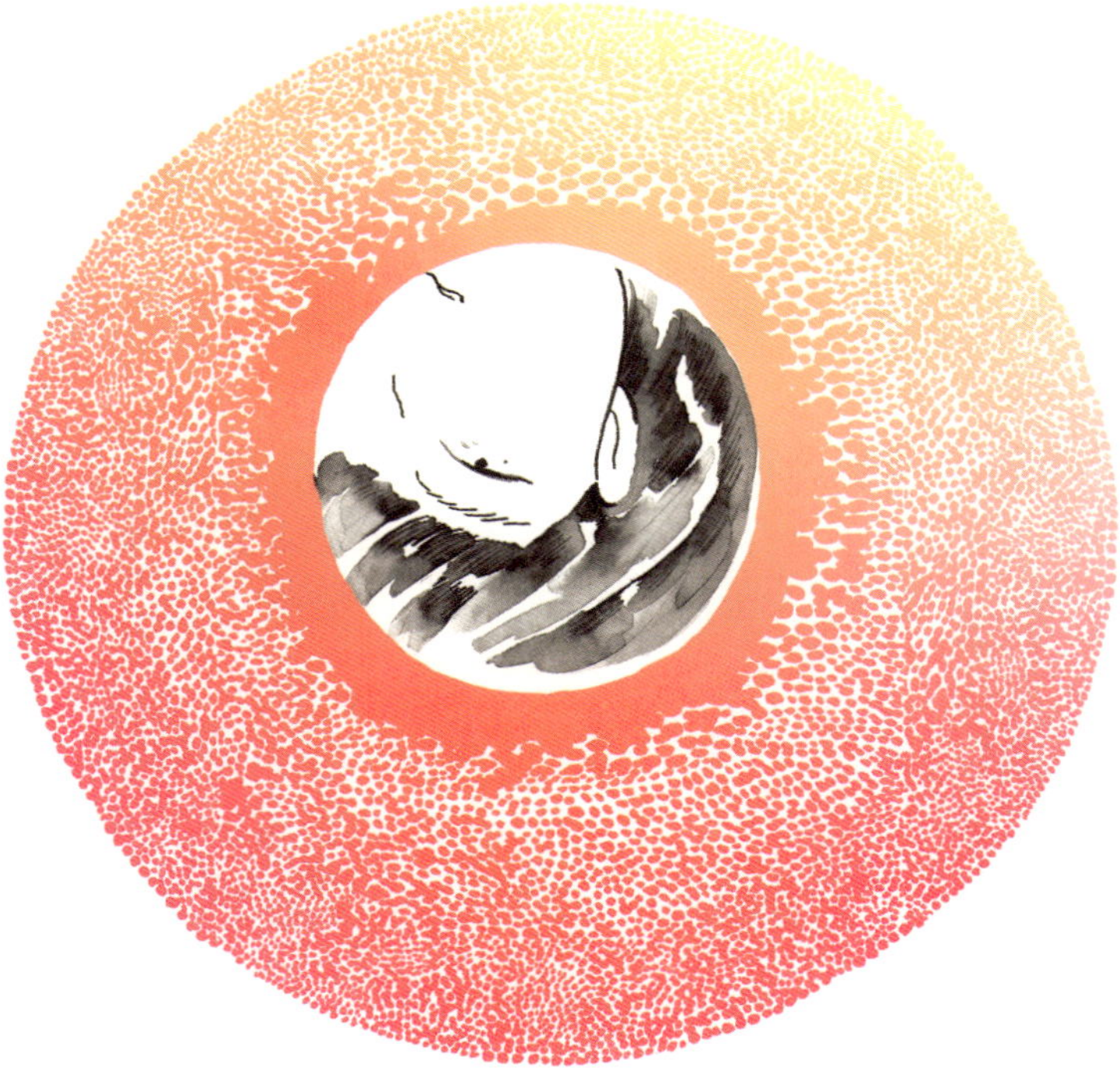

CASE STUDY 18

距離とヤバい女の子——織姫《おりひめ》（天稚彦草子《あめのわかひこぞうし》／七夕伝説）

宇宙規模の遠距離恋愛をしている女の子は、光の速さでラブレターを出すだろうか？　その文字は星で書かれているだろうか。

裕福な家庭に、三人の娘がいた。ある日大蛇《だいじゃ》が現れ、娘の一人を花嫁として差し出さなければ両親を殺すと言う。二人の姉は断り、末娘が求婚を受けた。少女を迎えに来た蛇は、唐突に「刀で私の首を切れ」と求める。少女がためらいながら首を斬り落とすと、蛇の中から美男子が現れる。二人は打ち解け、改めて仲むつまじい夫婦となった。男の持っていた唐櫃《からびつ》（大型の箱）から欲しいものが何でも出てくるので、豊かで楽しい暮らしだった。

幸福な新婚生活は、夫が自分の正体を明かしたことによって突然終わりを告げる。夫の本当の名は天稚彦《あめのわかひこ》。実は蛇でも人間でもなく、海龍王なのだという。海龍王の実家は天空にあるらしい。所用で七日間ほど里帰りするあいだ、唐櫃を預かってほしい。唐櫃のふたを開けると自分は帰ってこられない。もし留守のまま二十一日経ってしまったら、やはり二度と帰ってこられない。突然めちゃくちゃなことを言う夫に面食らいながら、少女はそれでも頷《うなず》いた。

「もしも私が帰って来られなくなってしまったら、一夜で成長する瓢《ひさご》（植物のひょうたん・夕顔などの総称）を伝《つた》って、空まで登って会いにきてね」と言い残し、夫は出かけていった。少女は頼まれた通りに唐櫃を隠し守っていたが、姉たちがふざけてふたを開けてしまう。心配した通り、帰宅するはずの日を過ぎても夫は戻らない。自分が姿を消せば両親はさぞ悲しむだろう……と心配しながら、少女は瓢のつるを登りはじめた。

見知らぬ場所で夫を探してまわり、少女はようやく天稚彦の屋敷に辿りつく。二人は強く抱きしめあった。これからは彼の屋敷で暮らそうということになったが、そこでひとつの問題に直面する。彼の父親は、鬼なのである。「鬼嫁」の舅《しゅうと》ヴァージョンではなく本物の鬼だ。人間がここにいることがバレたらどんな目に遭わされるかわからない。父親が訪ねてくるたびに天稚彦が少女の姿を変えて隠し、しばらくはやり過ごしていたが、ある日とうとう見つかってしまった。

鬼は「うちの嫁になるなら過酷な仕事をしてもらう」と言い、無理難題をふっかける。「千頭の牛を朝一人で野に放ち、夜には一人で牛舎に帰らせろ」「山積みの米俵を瞬時に移動させろ」「百足《むかで》のいる倉で夜を明かせ」などなど。夫がこっそり貸してくれた不思議な力を秘めた袖《そで》を使い、少女はその意地悪な問題をクリアしていく。袖を振ると、牛は自主的に野に出て小屋へ帰り、蟻が米を一粒ずつ移動させてくれて、百足は襲いかかってこなかった。

鬼はとうとう根負けし、「仕方ない。月に一度なら逢瀬《おうせ》を許す」と言った。だが、少女はその言葉を聞き間違い「一年に一度ですか?」と尋ねた。そうだな。お前がそう言うならそうしよう。そう言って鬼が瓜を割ると、中から水が湧き出し、大きな川となって二人を隔《へだ》てた。

　こうして二人のデイトは一年に一度となったのだった。


　この『天稚彦草子《あめのわかひこぞうし》』は御伽草子《おとぎぞうし》に収録されている。あらすじからわかるように日本風の七夕伝説だ。織姫と彦星にあたる少女と天稚彦も、同じように離ればなれになる。

　別れは二度訪れる。一度目は天稚彦が里帰りしたとき。二度目は川が二人を隔てたとき。一度目の別れでは、彼女はとてもパワフルだった。欲しいものに向かって突き進みたくさんの冒険をする。あたたかい家を出て、初めての土地（というか空中）へ旅立ち、鬼の舅と対峙し、試練を乗り越える。昔話には男性が女性とその家族から出された課題をクリアし結婚に至るという「難《なん》題婿《だいむこ》」というパターンがあるが、彼女の場合はあべこべで、さしずめ「難題嫁《なんだいよめ》」だ。

　彼女の最大の特徴は、ただの人間であることだ。もしも少女が鬼だったら舅にも歓迎され、年に一度と言わず毎日一つ屋根の下で暮らせただろう。人間だから特別な力は持ち合わせていない。真っ向から勝負すれば負けることは明白だが、案外彼女はたくましい。夫に借りた袖で牛を操《あやつ》り、蟻に米を運ばせ、百足をなだめるという軽やかな反則技を繰り出して難問を迎撃するのだ。

　しかし二度目の別れでは、うって変わってとても迂闊《うかつ》に見える。せっかく月に一度の逢瀬を勝ち取ったのに、肝心なところを聞き間違えて年に一度に引き伸ばし、「今のナシ」などと交渉する様子もなくあっさり条件をのむ。

彼女はそれでよかったのだろうか？　会えなくなってしまうのに。

ここでふと疑問に思ったことがある。そもそも、離ればなれにならないこと、いつもそばにいることは、愛の必要条件になるのだろうか。

仲良しの二人（友達どうしでも、恋人どうしでもいい）が、同じ部屋に住んでいるとする。朝起きたら挨拶をして、場合によっては接吻なんかして、朝食を一緒に作って、行ってきますを言い、それぞれ出かけていってまた同じところへ帰ってくる。それは素晴らしい暮らしだ。愛する人とそんな暮らしができたらきっと楽しいだろう。では、そういった暮らしでなければ、常に近くにいるという生活を選択しなければ、そこに愛はないということになるのだろうか。一か月に一度会えるチャンスを棒にふり、一年に一度にしてしまうことは、不誠実を意味するのだろうか。

「近くにいない」ということは、具体的には次のような不便がある。目を見つめようとしなければ目を見つめることができない。手を取ろうとしなければ手を取ることができない。寝込んだときに湯たんぽやお粥《かゆ》を作れない。近況をすぐに知ることができない、または近況を知ろうとしなければ知ることができない。だけど、そばにいることよりも優先するものがあったとすれば、今挙げたような問題は些細《ささい》な障害となる。

もしかすると、彼女は聞き間違えたふりをしたのではないか、と想像してみる。この女の子は基本的にNOと言わないキャラクターだった。両親を殺すと脅されて結婚し、首を切れと言われれば切る。その他にも、唐櫃を開けるな、空へ登って来い、つらい仕事をしろ、百足と一晩過ごせ、などの頼みや要求を「まあ、そう言うなら……」とでも言うように聞き入れてきた。だけど全く何も感じていないわけではない。彼女は何かを求められるたび悩み、決断し、成長してきた。だからこの聞き間違いのシーンは、彼女が初めて場のイニシアチブを取ったシーンだ。彼女の初めての反乱だ。よく考えたら、ただ好きな人と一緒にいようとしているだけなのに「人間である」という理由で否定され、デートの頻度を指定されるなんて我慢ならない。だいたい、その好きな人だって、親が鬼なら初めに報・連・相してくれよ！　誰だよこの鬼！　今思い返せばプロポーズだって最悪ではないか。人の親を脅《おど》すなよ。普通に求婚してくれよ！　結果的に好きになれたからいいけどさあ！

最終的には、夫も舅も少女の口にした「年に一度」という期間をひっくり返すことはできなかった。他人に決められた一か月より、自分で言い放った一年を貫くこと。条件は厳しくなっているように見えるが、この行動によって二人のデートは鬼の支配から解き放たれたのではないか。

アメノワカヒコという名は、日本書紀と古事記にも「天若日子」として記されている。

——天若日子は仕事で葦原中国《あしはらのなかつくに》に派遣されたにもかかわらず、下照姫《したてるひめ》という女性と恋に落ち、地上に住み着く。帰ってこない天若日子を不審に思い、彼を派遣した天照大御神《あまてらすおおみかみ》たちは高天原《たかまがはら》から鳴女《なきめ》という雉《きじ》を遣《つか》いに出した。「なぜ言いつけられた仕事をしないのだ、なぜ早く帰ってこないのだ」と問われた天若日子は、鳴女を矢で射殺してしまう。放たれた矢は高天原まで届き、あたりは騒然となった。神々は「天若日子に邪心があるならこの矢が刺さるだろう」と言い、矢を地上へ落とす。それはまっすぐ天若日子の元へ向かい、その胸に刺さった。突然愛する夫を失った下照姫の泣き声は、高天原まで響き渡った——

永訣は、最も遠い遠距離恋愛と言えるかもしれない。それから、終わった恋も。なくしたもの、終わったことを振り返ると、本当に実在したのかわからなくなることがある。私たちはほんとうにいた？　そこに誠実さはあった？　あの時間が夢だったなんてことはあり得る？　例えば、あの初夏の夜道でかえるが鳴いていたのを覚えている？　真夜中のさんぽはしたっけ？　そこに愛は？　愛はあった？　あった。確かにあった。私はそれを経験した。経験したから私がいまここにいる。経験が私の体を作っているし、思想をつくっている。顔と着る洋服を作っている。食べたい料理を。音楽を。芸術を。マニキュアーの色を。読書を。人生を。

仮に少女と天稚彦がこの後別れてしまったら、物語は悲恋として語られるだろうか？　やっぱり一か月に一度にしとけばよかったじゃん、ということになるだろうか。私はそう思わない。少女は決断を繰り返し、はげしい闘いに身を置き、そしてとても魅力的になった。それは歴史です。

続編がどんな展開になろうと、歴史は動かしようがない。私は彼女に、彼女自身の存在を以《も》ってして「愛があること」「あったこと」を証明し続けていってほしい。彼女が精神的に自立し、チャーミングで、たまに気だるく、仕事をしたりサボタージュしたり、ときどき悪口を言ったりして、いま、ここに生きていること。彼女がいまここにいること。それこそが、それだけが、彼女たちの、私たちの愛の証明だ。愛を突きつけてやりたいからといって、電車のなかで恋人とキスをする必要はない。あなたはただ呼吸をすればいいのだ。

*

ハロー、こちらベガ……、ワーオ！　お久しぶり！　でもごめんなさい、今手が離せないの。この前話したプロジェクトが大変なことになっちゃって、朝も夜もてんやわんやってわけ。今日？　例のギラギラのスーツを着てる。銀色の。強そうでしょう、よく光るよ。晴れた日ならそこからでも見えるかも……なんたって一等星だから。あなたはきっと白と黒のシャツを着てるんじゃない？　ハズレ？　新調したんだっけ？

あっ、ほんとにもう行かなきゃ。電話が鳴りっぱなしなの。またかけなおす。それから手紙も書く。だけど便箋に「会いたい」という言葉じゃなくて、超長い小説や詩が書かれていても、どうか怒らないでちょうだいね。

ランダムな選考によって悲劇のヒロインに選ばれてしまった。観客が私の悲しみと成長を楽しみにしている。だけど何でもない顔をして普通に暮らしてやるのだ。

CASE STUDY 19

理不尽とヤバい女の子——トヨウケビメ（奈具《なぐ》の社《やしろ》）

岩陰《いわかげ》に水音《みずおと》と女の声。丹波《たんば》の山奥で八人の天女《てんにょ》が水浴びをしていた。飛沫《しぶき》が舞い、かたわらに置かれた羽衣《はごろも》を湿らせる。薄く光る美しい布は岩の上に無防備に投げ出されている。

軽やかに遊ぶ八人に、しかし不穏な影が迫っていた。近くに住む和奈佐《わなさ》という老夫婦である。彼らはこっそり水辺に近づき、羽衣を一枚盗んで隠してしまった。

そろそろ天に戻ろうかという頃になって、天女たちはようやく羽衣が足りないことに気づく。盗まれた一枚の持ち主である少女は必至に探しまわるが見つからない。青ざめる彼女を残し、仲間たちは次々に飛び立っていった。少女はたった一人で地上に立ち尽くしていた。そこへ和奈佐の老夫婦が白々しく登場し、行くあてがないなら養女にしてやろうと言う。彼女には、ほかに頼る者はいなかった。

和奈佐の家は天女の力によって急激に富んだ。十数年が経ち、今や老人たちは長者と呼ば

れていた。大きな屋敷。良い着物。米や魚。その広い屋敷の広い一室に義理の娘を呼び出し、ある日突然彼らは言った。

「お前は私達の子ではない。これ以上養うのは惜しいから早く出て行ってくれ」

完全なる絶望。それ以外に言い表す言葉が見つからない。もちろん羽衣については一言もなかった。「天の原ふり放《さ》け見れば霞《かすみ》立ち家路惑ひて行方知らずも」とだけ残して、天女でも人間の娘でもなくなった少女は村を出た。

長い間あちこちを放浪し、やがて彼女の足は舟木《ふなき》という里でとまる。「この地で私の心はなぐしく（穏やかに）なりました」と言ったことからこの土地を奈具《なぐ》と呼ぶようになった。現在、彼女はトヨウケビメという名前で奈具神社に祀られている。


読み終えて、私はちょっと面食らってしまった。こんなことってある？　いや、実際問題こういう最悪なことは割とよくあるかもしれないけど、もうちょっと、こう、何とかならなかったのか。老夫婦は彼女を散々利用して追い出した。結局彼らは最後まで羽衣を返してくれず、ただ少女を消費しただけだった。初めは若く美しい少女をサーカスのように見た。それから金銀財宝のように、最後にはごみのように見た。彼女の持ち物は自分たちの好きなように扱っていいもののように見えていた。もしもこの女の子がリンゴを片手で潰せるほど筋骨隆々で、羽衣を持たずとも不思議な力が使えたなら、ストーリーの結末は違ったものになっていただろう。だけど彼女には反撃のチャンスは訪れなかった。

それにしても、気になるのは七人の天女だ。とにかく冷たい。冷たすぎる。彼女らの関係が家族なのか友達なのか知人程度なのかわからないが、せっかく七人もいるんだから誰か一人くらい親身になってくれてもよくない？

もし友人たちが本気で彼女を救おうとすれば、それは不可能ではないように思える。二人がかりで抱えて飛ぶとか、天に帰って緊急用の羽衣を持ってきてくれるとか。空から石を投げつけて老夫婦をボコボコにしたっていい。彼女は何年も地上で暮らしていたのだから、一度くらい助けに行ってもいいはずだ。だけど誰もそうしなかった。

少女にとっての最大の不幸は、彼女に非らしい非がなかったことだ。彼女が選ばれたのには何の理由もなかった。天女は全部で八人いて、羽衣は全部で八枚あった。老人と老婆から一番近いところに彼女の羽衣が落ちていた。多分、ただそれだけだった。規則を破って一人で遠くまで行ったり、特別油断して眠り込んでいたり、人間を騙してやろうと企んだりしていれば、まだストーリー展開に納得できる。だけど彼女は何の理由もなく、突然これまでとまるきり異なる、望んだわけでもない意味不明な世界へ放り込まれた。

無差別に理不尽な目に遭うなんて、絶対におかしい。こんなことは許されない。誰がどう見ても私は悪くない。だけど誰もどうにもしてくれない。なんで私なの？　なぜ私だけがこんな目に遭わなければならないの。あの子でもあの子でもよかったはずなのに。

私は、七人の女友達がちっとも助けてくれなかった理由はここにあるのではないかと思う。全てを奪われる女の子は誰でもよかった。あの子でもあの子でもあの子でもよかった。つまり、自分が被害者になる可能性もありえた。犠牲者となった友達を助けようとすると、自分だけは大丈夫、という保証がどこにもないことに向き合わなければならない。物語は守ってくれないし、努力と清い心は特に結果に反映されない。七人の少女たちは不条理な残酷さを受け入れることができなかった。受け入れられなかったのは、あるいは受け入れずに済んだのは、彼女たちがたまま観客だったからだ。訳がわからないし、恐ろしいし、いい気持ちにもなれない映画をほとんどの人が拒絶するように、少女たちもこの事件から目を背けたのだった。

異世界へテレポートしてしまうという設定は、ファンタジーでよく使われる。ノスタル爺、魔法騎士レイアース、ふしぎ遊戯、信長協奏曲、コスモス楽園記、ｍｏｏｎ、おしいれのぼうけん。例えば、一九九五年に公開された映画『ジュマンジ』では、不思議なボードゲームが現実と異世界を繋ぐ。サイコロを振って進んだマスに書いてあることが現実世界でも起き、時には現実世界の人間がゲームの世界に閉じ込められてしまう。主人公のアランは、子どもの頃にこのボードゲームに引きずり込まれ、そのまま二十六年が経ち大人になってしまったキャラクターだ。ゲームの中からは凶暴な動植物が飛び出してくるが、アランは「他のプレイヤーがサイコロで5か8の目を出す」という受動的な条件を満たさない限り脱出できない。二十六年後にプレイヤーになっ

た少年少女がようやく5の目を出し、アランは彼らとともにゲームをクリアする。そして子どもの姿に戻り、二十六年前の世界に帰っていく。厳しい環境で鍛えられたアランは精神的に成長し、ゲームに閉じ込められる前には逃げていた問題にも立ち向かえるようになっていた。「逆境での変化」。昔話においてもそれはクライマックスのきっかけになる。

羽衣伝説のバリエーションの一つである『天人女房《てんじんにょうぼう》』では、羽衣を隠されてしまった天女が地上の男性と結婚し、出産し、いったんは人間の暮らしを受け入れる。その後羽衣を奪還し、天女に戻って天へ帰っていく。天女↓人間↓天女という自身のアイデンティティの変化とともにストーリーが展開する。一方、この『奈具《なぐ》の社《やしろ》』では主人公が天女でも人間でもなくなった後も舞台が転換せずに続いていく。ストーリーは彼女を天へ連れて行ってくれない。クライマックスの大どんでん返しもない。逆境が延々と続き、彼女はこうつぶやくかもしれない。

――なんでこんなことになっちゃったんだろう。私、ハッピーエンドへの正しいルートから外れてしまったのかな。ほかの友達は今も美しい舞台で正しいストーリーを生きているというのに、私の物語は永遠に失われてしまったんだろうか?

『ジュマンジ』のアランのように理不尽な目に遭いながらも良い方向に変化を遂げることは確かにすばらしいことだ。変化を示唆する一文が最後に添えられているだけで、全てのつらいセンテンスが救われたような気さえする。一方『奈具の社』にはその救いがないように思える。でも、だからといって、「物語が失われる」などということはありえるだろうか。

人間界での彼女の暮らしには激しい復讐劇も、華々しいラブロマンスも、感動の友情エピソードも、壮大な成功譚もない。だけどそれは必要な要素なのか。そもそも、最初から最後まで美しく平穏な台本や起承転結の採算が取れる筋書きだけが語られるべき正しい物語で、その条件に満たないものは喜ばれない間違った物語である……などと、一体誰が言えるだろうか。月9での放送に耐えうるスリリングな展開がないから、あるいは淡々と続く生活がつまらないからといって、誰が打ち切りにできようか。

「優雅な生活こそが最高の復讐である」という言葉があるが、私は「物語に従わないことが最高の復讐」だと思う。自分の身に勝手に起こったことにむりやり感動的な意味を見出さず、精神的成長としてつじつまを合わせず、物語を無効化する。あるいは、因果関係のない別の物語を自分で始めてしまう。勝手な展開で許可なくエンドロールを流そうとする何者かの一切登場しない、まったく新しい物語を。

＊

ストーリーと関係なく、放浪の末たどりついた舟木の土地で彼女の心は突然「なぐしく（穏やかに）」なった。その旅立ちを勝手に想像してみる。

——何も荷物がないので手ぶらで屋敷を出た。出た瞬間、お腹が空いていることに初めて気づく。そういえば、あの老夫婦はいつでもごちそうを食べたがっていた。私にはよく残り物をくれたっけ。最後に見た彼らの顔はどこかいじけていた。まあ、ごちそうを求める気持ちはわからなくもない。私だってこの地上に住むようになって、土があるだけで作物の味はこんなにも変わるのかと驚いた。天上ではいつも清浄な空気だけを糧にしていたから、七人の友達にはここの料理は口に合わないだろう。でも今、私は腹が空いている。せっかく追い出されたのだから、試しに食レポ漫画の主人公でもやってみようか。『中華一番!』、好きなんだよね。

トヨウケビメの「ウケ」とは食物を意味する。食物を食べること。生きて存在していること。自分が許可していないナンセンスなシナリオによって陳腐な変化をさせられてしまわないこと。勝手に幕を下ろさせないこと。閉じられた緞帳《どんちょう》の隙間から躍《おど》り出ること。それによって復讐は穏やかに完成し、私の心は安らぐのだ。

ご愛読ありがとうございました、○○先生の次回作にご期待ください!
次回作はこのページ、次の行からすぐに始まります。

CASE STUDY 20

女とヤバい女の子――女右大将《おんなうだいしょう》／有明《ありあけ》の女御《にょうご》（有明の別れ）

私たち、全然違うけどとてもよく似ていた。女とか男とか、友情とか恋愛とか、結婚とかセックスとか、今ある言葉で説明できるようなことは心の底からどうでもよくて、ただあなたの幸福を世界中の誰よりも願っている。

二条の左大臣家は長いあいだ世継ぎに恵まれなかった。ようやく女の赤ちゃんが生まれたとき、「この子を男性として育てなさい」という神様のお告げがあった。父親の左大臣は娘を男装させて育てることにした。同時に娘も生まれたと偽り、架空の兄妹を作り出した。

父の作戦は成功した。少女が深窓で誰にも会わずに育てられる時代、全く姿を見せない姫君の存在はあっさりと受け入れられ、少女は「少年」として宮仕えをすることになった。「少年」はみるみるうちに出世した。顔は美しく、物腰柔らかく、琴、笛、その他教養にもあふれている。背が少し低いが、こんなにも素晴らしい人物を前にしてそれが何の欠点になるだろう。十七歳になる頃、「少年」は右大将の位を授けられ宮中の人気者となった。実際には女右大将《おんなうだいしょう》であった。

女右大将には人間離れした不思議な能力があった。生まれつき自由自在に姿を消す力を持っていたのだ。彼女はその能力を使い、夜ごと他人の家を覗いてまわっていた。

ある夜、女右大将はいつものように姿を隠して夜の散歩に出かけ、自分の叔父・左大将の屋敷に忍び込んだ。そこで思いもよらない逢瀬《おうせ》を見てしまった。左大将は後妻の連れ子である義理の娘を手篭《てご》めにし、妊娠させていたのだ。母親に打ち明けることもできず、お腹の中の子どもがどんどん育っていくことに絶望し、左大将の娘は塞《ふさ》ぎこんでいた。見かねた女右大将は少女を左大将の屋敷から連れ出してやる。おっとりした性格でおろおろするばかりだった少女は突然現れた素敵な「男性」が自分を救ってくれると聞いて、夢ではないかと思った。

女右大将は少女を妻として自宅に住まわせ、少女は対《たい》の上《うえ》と呼ばれることになった。対の上のお腹の子どもは女右大将の息子として育てられ、左大臣家の跡取りとされた。恋の噂が一切なく、堅物なところが玉に瑕《きず》と言われていた女右大将は、この結婚によってますます社会的地位を上げていった。しかし、対の上に密かに横恋慕している者がいた。彼女を手篭めにした義理の父親・左大将の息子――つまり、対の上の義理の兄――五月雨《さみだれ》の三位中将《さんみのちゅうじょう》という人物である。対の上は夜這《よば》いに来た五月雨の三位中将を断りきれずに関係を持ち、再び妊娠する。やがて女の子が生まれ、またしても表向きは女右大将の娘ということになった。

宮中では、時の帝《みかど》・朱雀帝《すざくてい》が女右大将をいたく気に入っていた。どこへ行くにも傍《そば》へ置き、何かにつけて琴や笛を披露させる。女右大将は年齢を重ねるにつれ男装に限界を感じ、いつも苦悩していたが、その様子が周囲には一層魅力的に見えるのだった。帝は女右大将を青年だと信じて疑わず「彼」のミステリアスな雰囲気に惹かれていた。

部屋に二人きりになったある日、帝は本懐を遂げようと決意し強引に迫る。そして、右大将が実は女であることに気づく。女右大将は拒みきれずに一夜を過ごし、翌朝、引きとめようとする帝を振りきって、ふらふらと帰路につく。男装がバレることをずっと恐れていたのに、よりによって帝に知られてしまった。思いつめた彼女は両親に昨夜の顛末《てんまつ》を話し、もう男装をやめたいと訴えたきり寝込んでしまう。夫のつらそうな顔を見て、対の上は何の力にもなれない自分を恨めしく思い、涙を流すのだった。

しばらくして女右大将の病状が少し良くなったと聞き、朱雀帝は賀茂《かも》へ出かけることにした。絶対に同行するようにと帝から彼女のもとに連日手紙が届く。帝はあの夜からいっそうメロメロになっていた。女右大将はこれを男としての最後の務めにしようと決め、今までになく美しく高貴な出で立ちで参加する。「彼」の晴れ姿に帝はもちろんのこと、その場にいた者は一人残らず心を奪われた。その年の秋、女右大将が病死したことが伝えられた。宮中は静まり返り、皆が女右大将の死を悼んだ。対の上は悲しみのあまり出家し、対《たい》の尼《あま》と呼ばれるようになった。

だが女右大将は生きていた。病死したことにして姿を隠し、右大将の「妹」として朱雀帝に嫁ぐ作戦だったのだ。父・左大臣は家を守るために必死だった。髪が伸びるのを待って入内《じゅだい》が果たされ、彼女は「有明《ありあけ》の女御《にょうご》」という名で呼ばれることになる。朱雀帝はすぐに有明の女御の正体に気づいた。有明の女御は帝の寵愛を一身に受け、身籠もる。宮中での暮らしは幸福だった。しかし出産のため実家に戻り、男装をしていた頃の日記を読むと、女である今とは比べ物にならないほどの自由を感じていた自分を思い出し、喪失感に苛まれる。あんなに得意だった笛も女という立場ではもう吹くことができないのだ。

憂《うれ》いの中で有明の女御は一人実家に残した元妻、対の尼のことを気にかけていた。ずいぶん迷ったが対の尼に会って直接事情を話すことにした。

出家した妻は数年経ってもあまり変わっていなかった。死んだはずの夫が実は生きていて、しかも女性で、今は帝の妻となって目の前にいる。そう聞かされても対の尼はおっとりと驚くばかりだった。二人は色々なことがあったが、今は良い思い出だと言って笑いあった。

冬、有明の女御は無事出産した。生まれた男の子は皇太子となった。彼女は皇后としての日々を送りながら、やはり男装時代を懐かしむのだった。

「有明の別れ」は不思議な物語だ。唐突に「自在に姿を隠せる能力」などの現実離れしたファンタジーが挟み込まれる。だが、女右大将というキャラクターがファンタジーで都合よく救済されることはない。彼女は苦悩を抱えたまま男性として生き、苦悩を抱えたまま女性として生きた。その両方を彼女は社会に求められた。没落の危機に瀕《ひん》していた左大臣家にとって、女右大将の才能は家を再興する最後の希望だった。父親には娘の存在は救世主のように感じられただろうが、女右大将本人にはこの暮らしは苦しいものだった。男装がバレて世間の笑いものになることに怯《おび》え彼女はずっと悩んでいた。しかし一方で、男装は女の世界の制約を飛び越えさせてくれる鍵でもあった。

男の子になりたい。男の子だったらこんな面倒な目に遭わなくて済むのに。そう思ったことのある女の子は、きっと少なくないだろう。「見えなくなるほど遠くにボールを投げれる強い肩／うらやましくておとこの子になりたかった」という歌があるが、同じようなフレーズがこの物語の中にもたびたび登場する。彼女が特殊なのは、羨《うらや》む対象が自分自身だったことだ。

男装時代、女右大将は宮中で誰よりも活躍していた。その溢れ出る知識、優しい心、素晴らしい笛の技術、そして美しさ。どんな服を着ても、いっそ裸でも、その才能は失われない。しかし女性の着物に着替えた途端、暮らしは何もかも変わってしまった。今まで感じたことのない不自由の中に突然放り込まれ、彼女は男性だった頃の自由を懐かしく渇望した。男性の人生にあれほど追い詰められていたのに、今度は女性の人生に縛りつけられているのだ。

「有明の別れ」とは、何と何の別れを意味するのだろう。朱雀帝が女右大将と初めて迎えた朝、帰ろうとする彼女を引き止めるときに「ひとたび手放してしまえば次はいつ会えるかわからない、有明の月のようなあなただ」という歌を詠む。これがタイトルの由来かと思ったが、しかし彼らはその後再会し、むしろ幸福な恋愛を成功させている。

私は、この別れは彼女の「少年時代」との別れだと思う。

彼女の少年時代は彼女自身の意思で始まったものではなく、家のために有無を言わさず選択させられたものだ。女右大将は苦しみながらも与えられた設定に反発することなく少年時代を過ごした。帝に正体を知られたとき初めて彼女はこの生活に異議を唱え、もうこんなことはやめたいと両親に強く主張した。では女右大将は何がつらかったのだろう。

彼女はずっと「普通ではない生活」に翻弄されてきた。女であるのに男として生きることに疲れていた。とはいえ「女として生きたい」という願望があったわけではない。夜ごと他人の寝室を覗き歩くうち、女性も、男性も、彼女の目にはどうしようもないものに映るようになっていた。そこで（じゃあ私自身はどうしたいのか）と自問すると、答えが出ない。

この健気な一人娘は家族のことを深く愛していた。皆が喜んでくれる。私もできれば役に立ちたいと思っている。だけど私の心は曖昧に淀み、ただ漠然と焦っている。この堂々巡りに対して決断を下せないことが、彼女はつらかったのではないか。

苦しいのに解決に向かってアクティブになれないつらさ。取捨選択できないつらさ。それでも彼女はついに、何かを捨てて、何かを残さなければいけないフェーズを迎えてしまった。自分と周囲との関わり方を選び、後戻りできない方向へ進む。それが少年時代との別れではないか。良くも悪くも、色々なものがここで捨てられた。自由に振る舞い、政治に参加する権利。笛や漢詩に注ぐ情熱。信頼を築いてきた部下。何も知らず心配してくれる「妻」。ただし、少年時代を終えて問題が解決したかというとそうではない。この後女右大将は有明の女御となるが、それもやはり家のために決められたシナリオである。

有明とは夜明けのことだ。夜との別れ。夜明けの後は朝が来る。朝の次は昼。そして夜。きっとこの後何度も彼女は別れを経験するのだろう。人生の様々なシーンで、今まで掘り下げてこなかったけれど決して目を背《そむ》け続けることができない苦しみに直面し、立ち向かうために何かを捨てて誰かと別れる。だけど、ほんとうに捨てなければならないのか？　自由に振舞い活躍すること、家族を（縛られながらも）大切にすること、苦しまないで暮らすこと、目の前で困っている女の子を救うこと、恋に少し参加してみること。これらはなぜひとつしか選べないことになっているのだろう。

別れを選択してもなお、別れきれなかった人がいる。対の上だ。彼女と女右大将との関係は、ちょっと複雑だ。二人は社会的には「夫婦」だったが、彼女たちの真実の関係には名前がない。対の上は冒頭でひたすらに弱い立場の女性として登場するため、この物語では一見、女右大将が強い王子様で対の上が弱いお姫様のように見える。しかし実際のところ、そんな風に一言で片付けられるような、単純な関係性ではないように思えるのだ。

対の上はとてもぼんやりしている。自分の考えをはっきり言わず、義理の父親とも義理の兄とも流されるままに関係を持ってしまう。家族に苦しめられ、自我がなく、性的には経験を（自身の望まない形で）積んでいる。キャラクターは正反対だが、二人は「自分で望んで置かれたものではない境遇に」「性別に由来する問題で」「家族に打ち明けられずに」「苦しんでいる」という点でとても似ている。女右大将が対の上を助けた理由は、成り行きと同情と打算だったかもしれない。女右大将は優しいので、他にも同じような状況に置かれて困っている女の子がいれば誰にでも手を差し伸べたかもしれない。それに、家を守らなければならない女右大将にとって「既に妊娠している女の子」は願ってもない存在だ。対の上が男の子を出産してくれたから彼女は男装をやめることをすんなり許されたのだ。対の上の方でも、望まない妊娠が発覚したとき（この状況を変えてくれるなら誰でもいいから助けて）と思っただろう。二人とも、社会の仕組みに対抗することも、相手の苦悩を打ち壊すこともできなかった。だけどずっと一緒にいて、泣いている姿を近くで見つめ、ただその涙に胸を痛めていた。

クライマックスで有明の女御は対の尼に秘密を打ち明ける。右大将が女だったこと。死んだと嘘をついていたこと。一方、対の尼も自分が五月雨の三位中将と不貞に至ったことを「夫」は知っていて許したのだと知る。根本的な救済者同士にはなれないまま、利用しあい、寄り添いあい、ただ起きたことを今となっては良い思い出だと言って笑いあう。

不自由の海の中、結果として彼女たちは手を取りあって波に乗り続けてきた。有明の女御は出産を終えて帝のもとへ帰っていく。対の尼は今まで通り左大臣家で育児を続ける。二人はまた少し離れた場所に戻り、何となくお互いのことを気にかけながら生活し続ける。

夫婦と呼ばれていた頃は真実を話すこともできなかった。友達で済ませるには運命を共有しすぎている。戦友と称《たた》えあうには遠い。私たちの関係には、名前がない。名前はないけれど、確かに強く繫《つな》がっている。

こういう関係の女の子が、大切な女の子が、私にもいたと思う。小学校、中学校に。高校に。大学に。初めて勤めた会社に。例えば十代の頃、私にはとても親しい女の子がいた。彼女が外国に留学していたとき、私たちは頻繁に国際電話で話していた。ある夜電話に突然知らない男の子が乱入した。「この子は俺のものだから家族でも恋人でもないのに邪魔をするな」と言う。彼は自分の恋人が祖国の友人にばかり構っているので腹を立てたらしかった。その恋人が原因というわけではないが何となく私たちは疎遠になった。彼女は帰国する前に恋人と別れたらしいと後で聞いた。

女と女の関係は社会のなかで後回しになっていく。肩書きがあればいっそ完全に決別することができたのに、いつ終わるのか、まだ親密な感情を持っていていいのか、それとももう終わってしまったのかわからない。だけどあなたが対《つい》の存在のように傍《そば》にいてくれたから、私、ここまでやってこられたんだよ。

*

私たち、何だったのかな。離れてしまった今は、あの頃のように毎日会うことさえ難しい。彼女や妻や母になったら、もうあなたと親しくしちゃいけないの？　名前がないまま失くしたものは、どうやって探せばいいのかな。誰かがほんの少し力を加えたら、今の関係もまたばらばらになってしまうのかもしれない。今でも私が一番あなたの力になってあげられる自信はあるのに、へたをすればどちらかが死んだことを知る術《すべ》もなくなってしまうかもしれない。それでもあなたがたった今もこの世界で生きていると思うと、心の底からの安心を感じる。

さようなら女達。会えなくても、どこにいても、誰よりもあなたの幸せを祈っているからね。

あとがきマンガ
日本のヤバい女の子
こんにちは
はらだ有彩です
この本を
読んでくださって
ありがとう
ございます
ヤバ女
私は
海辺の
平和な
町に
生まれ
とにかく海
ゴリゴリの
フェミニストの
母と
六代
せんべい屋を
営む父に
育てられました
イエーイ
母
父
神戸の女子校あるある
女の子ばかりの空間で
中高六年間を過ごし
謎のデザイン
ファミリアバッグ
派手な子ほど長いスカート
エレベーターはない
芸大にて
女とか男という
概念のない空間で
四年間を過ごし
搬入中(とても危険)
※働かない者は席がなくなる
という感じでのんびり大人になって
広告会社に就職したのち
ハラダ
色々あって
挫折(割愛)
つらい
挫折した時に
ふと
今でさえこんなに
生きづらいのに
昔ヤバくない?
はっ
と思い立ち
調べてみたら
良くも
悪くも
ヤバい
というわけで
日本のヤバい
女の子を書き
はじめました

レポマンガ
日本のヤバい女の子・ゴー・道成寺
二〇一七年十一月
安珍清姫伝説の舞台となった道成寺（和歌山県）へ行きました
月岡芳年画
和歌山駅からきのくに線で一時間御坊駅へ到着
和歌山駅
ミカンいっぱい
御坊駅
御坊駅から道成寺駅へ行く電車がしばらくないので歩いてお寺へ向かう
時刻表
歩くか
一緒に来てくれたルームメイト
ウム
さんぽがてら
歩くこと二十分
高校のグラウンド
十一月でもけっこう暑い
着込みすぎた
熊野三山への参詣道に設けられた熊野九十九王子社の一つ
海士王子跡
きれい
ニホントカゲ（多分）がいた
田んぼが増えてきた
お寺に到着（間違えて裏手から入った）
合ってる…？
合ってない

道成寺！
縁起堂では絵とき説法を聞かせてもらうことができる
本堂
←ココ
安珍と清姫の絵巻物「道成寺縁起」を
スルスル
紙芝居風に解説してもらえる
めっちゃ面白い
トークカすごい
マジで面白い
お参り
安珍を供養したといわれる安珍塚
安珍塚
清姫の恨みでネジネジの木
こ…ここに
安珍←がいるのか…
ゴクリ…

道成寺の山門は階段の上にある
ここを清姫が通ったりしたのかしら
道成寺名物
釣鐘まんじゅう
↑中は餡子
おいしい
こ…この中に安珍が…
お寺を出たらぐるっと回って今度は清姫を供養したといわれる蛇塚へ行く
道成寺
ココ
よそのおうち
普通の住宅に混ざって突然ぽつんと蛇塚が現れる
蛇塚
反対側は田んぼと畑がある
田んぼの匂いがする
きょろきょろ
清姫がここに「いた」かもしれないと思うと
物語の場所が自分の世界と繋がっている不思議

ところでさぁ
正味な話
安珍と清姫って
やったと
思ぅ?
真顔
下世話では
えっ
許さん
ギャアギャア
いやだって
あれは…
こんな
感じ…
?
う〜ん…
やったかもしれないし
やってないかもしれないし
今となっては本人たちにしか
分からないことであるなぁ
って感じ?
古文の
直訳
そぅね
そして
二人が生きているときに
この景色を見ていたかも
知れないことだなぁ
ビュゥ
ゴ
わっ
急に
曇ってきた
風も強く
なってきたね
ボサボサ
帰ろうか

終　ありがとうございました

参考資料

二反長半編『京都の民話』未來社
武石彰夫訳『今昔物語集 本朝世俗篇』講談社学術文庫
蜂飼耳訳『虫愛づる姫君 堤中納言物語』光文社古典新訳文庫
P・C・ウィリス『虫愛づる姫君後日譚』金沢医科大学出版局
臼田甚五郎『食はず女房その他 昔話叙説Ⅰ』桜楓社
太安万侶『古事記 03 現代語訳 古事記』ゴマブックス
鈴木三重吉『古事記物語』角川文庫
三遊亭円朝『怪談牡丹燈籠』岩波文庫
志村有弘編『名作 日本の怪談 四谷怪談 牡丹灯籠 皿屋敷 乳房榎』角川ソフィア文庫
清川妙『乙女の古典』中経の文庫
松谷みよ子『昔話十二か月 二月の巻』講談社文庫
松谷みよ子『昔話十二か月 三月の巻』講談社文庫
富山県児童文学研究会編『読みがたり 富山のむかし話』日本標準
由良弥生『大人もぞっとする原典 日本昔ばなし 「毒消し」されてきた残忍と性虐と狂気』王様文庫
由良弥生『読めば読むほど恐ろしい原典『日本昔ばなし』』王様文庫
南條範夫『有明の別れ』講談社文庫
柳田国男『日本の昔話』新潮文庫
柳田国男『日本の伝説』新潮文庫
柳田国男『遠野物語・山の人生』岩波文庫
柳田国男『不幸なる芸術・笑の本願』岩波文庫
河合隼雄『昔話と日本人の心』岩波書店
河合隼雄『物語と日本人の心コレクションⅡ 物語を生きる』岩波現代文庫
河合隼雄『物語と日本人の心コレクションⅤ 昔話と現代』岩波現代文庫
河合隼雄『日本人とアイデンティティ 心理療法家の着想』講談社＋α文庫
河合隼雄『とりかえばや、男と女』新潮選書
河合隼雄、小川洋子『生きるとは、自分の物語をつくること』新潮文庫
吉田敦彦『昔話の考古学 山姥と縄文の女神』中公新書
金岡秀郎『NHK こころをよむ 文学・美術に見る 仏教の生死観』NHK 出版
戸部民夫『「日本の神様」がよくわかる本』PHP 文庫

永井路子『日本夫婦げんか考』中公文庫
堀江宏樹、滝乃みわこ『乙女の日本史 文学編』角川文庫
千野帽子『人はなぜ物語を求めるのか』ちくまプリマー新書
田中優子『江戸の恋 「粋」と「艶気」に生きる』集英社新書
水木しげる『図説 日本妖怪大全』講談社＋α文庫
水木しげる『水木しげるの遠野物語』小学館
水木しげる『妖怪画談』岩波新書
小松和彦、宮田登、鎌田東二、南伸坊『日本異界絵巻』ちくま文庫
小松和彦『百鬼夜行絵巻の謎』集英社新書ヴィジュアル版
小松和彦『妖怪 YOKAI ジャパノロジー・コレクション』角川ソフィア文庫
馬場あき子『鬼の研究』ちくま文庫
渡辺睦子、増田正造『新装版 まんが能百番』平凡社カラー新書
観世喜正、正田夏子、青木信二『一歩進めて能鑑賞 演目別にみる能装束』淡交社
金剛巌『能と能面』創元社
鈴木紀子、林久美子、野村幸一郎『女の怪異学』晃洋書房
鈴木紀子、林久美子、野村幸一郎『悪女の文化誌』晃洋書房
恋田知子『ブックレット 書物をひらく5 異界へいざなう女』平凡社
中村渓男『絵画に見る日本の美女』カラーブックス
女性歴史文化研究所『CHRONOS クロノス［時の鳥］』(vol.5.9.15.17.25.27.28.34.35.36.38) 京都橘大学
女性民俗学研究会『女性と経験』(vol.8.34.35)
切畑健、市田ひろみ『写真でみる日本の女性風俗史 京都染織まつり記念図録』京都書院

本書はウェブマガジン「アパートメント」に二〇一五年二月から二〇一七年八月にかけて掲載された作品を加筆・修正したものです。

【著者紹介】
はらだ有彩 はらだ・ありさ

関西出身。テキスト、テキスタイル、イラストレーションを作るテキストレーター。デモニッシュな女の子のためのファッションブランド《mon.you.moyo》代表。
これまでに、「アパートメント」「リノスタ」「She is」「wezzy」にエッセイやマンガを寄稿。

公式サイト：http://arisaharada.com/
Twitter：@hurry1116
Instagram：@arisa_harada

日本《にほん》のヤバい女《おんな》の子《こ》
2018年6月10日　第1刷発行
2019年9月10日　第4刷発行

著者　はらだ有彩《ありさ》

発行者　富澤凡子
発行所　柏書房株式会社
〒113-0033 東京都文京区本郷2-15-13
電話　(03) 3830-1891（営業）
　　　(03) 3830-1894（編集）
装丁　名久井直子
組版　髙井愛（グライド）
印刷・製本　中央精版印刷株式会社

ISBN978-4-7601-4984-1